KB129774

프리웨이

FREE

웅진 지식하우스

WAY

프리웨이

너를 어디든 데려가줄
자유로운 삶의 방식

드로우앤드류 지음

추천의 말

사회가 씌워 놓은 성공의 틀에 맞추어 살아가려고 애써 노력하면서도, '나는 왜 이거밖에 안 될까'를 되뇌는 우리의 사회 초년생들. 『프리 웨이』는 이들에게 한발 먼저 넓은 세상으로 나간 선배가 들려주는 지혜의 말과 같다. 이 책은 틀 밖으로 나와 '나답게, 자유롭게' 살면 된다고 말해주며 지금도 불안하고 막막해하는 청년들에게 자신만의 '프리 웨이'를 찾을 수 있도록 희망을 심어주는 책이 될 것이다.

— 지나영 ★ 존스홉킨스 의과대학 소아정신과 교수,
『세상에서 가장 쉬운 본질육아』 저자

앤드류의 영상을 처음 봤을 때, '꽤, 단단한 동생이군'이란 생각을 했다. 우연히 그를 만나고는, '인생 조언을 해주는 친구 같네?'라며 앤드류라는 이름을 저장했다. 『프리 웨이』를 읽고, 저장된 이름을 앤드류에서 '앤드류 형'으로 바꾸었다. 『프리 웨이』는 주체적인 삶을 살아가는 단단한 사람의 이야기다. 어떻게 살아야 할지 방황하고 있다면, 본받을 만한 인생 선배가 필요하다면 주저 없이 이 책을 추천한다.

— 이동수 ★ 유튜브 <무빙워터>,
『언젠간 잘리고, 회사는 망하고, 우리는 죽는다!』저자

주체적이고 독립적으로 내 삶과 일을 꾸려가고 있지만, 고민이 생길 때면 주저 없이 앤드류의 콘텐츠를 찾는다. 시간을 들여 알게 된 노하우와 자신의 경험을 아낌없이 나누는 앤드류의 콘텐츠에서 실용적인 팁을 얻을 때가 많아서다. 그런데 일에 대한 팁보다도 내가 더 많이 얻은 게 있다. 자신의 인생과 선택을 책임지는 자세와 태도다. 책은 고민도 많고 결핍이 있었던 한 사람이 많은 사람들에게 사랑받는 크리에이터 '드로우 앤드류'가 되기까지의 기록을 담고 있다. 앤드류가 써 내려간 솔직 담백한 문장들을 읽는 동안, 그가 살면서 지켜온 '자유로운 삶을 살겠다'는 굳은 마음가짐이 가장 크게 가슴에 남았다. 이 책을 읽고 나면 당신이 약점이라 여겼던 것이 오히려 강점

이 될 수 있음을 믿게 되고, 자신의 미운 모습도 더 보듬고 안아줄 수 있는 용기를 얻게 될 것이다. 책 속에 등장하는 여러 시점 속 앤드류의 모습에서 자신의 모습이 비친다면, 당신 역시 자신만의 '프리 웨이'를 향해 나아갈 반짝거리는 힘과 가능성이 자기 안에 있음을 발견하게 될 것이다.

— 정혜윤 ★ 4년 차 이웃사촌, 독립한 마케터

한 명의 친구가 당신의 인생을 바꿀 수 있다고 생각해본 적이 있는가? 앤드류는 나에게 그런 친구다. 12년 전 호주에서 처음 만난 순간부터 지금까지 그는 남들의 이야기보다 내면의 목소리에 귀를 기울이는 사람이었다. 그래서였을까? 앤드류는 진정으로 좋아하는 일, 사람과 삶에 대해 깊이 고민해왔고, 그 시간들이 쌓여 지금의 '드로우앤드류'가 되었다고 생각한다. 오랜 시간 앤드류와 친구로, 또 함께 일하는 팀원으로 지내면서 많은 걸 배울 수 있었다. 그 덕분에 나 또한 좋아하는 일로 행복하게 살아가는 '프리 웨이'를 달리고 있다. 인생길에서 어디로 가야 할지 몰라 방황하고 있다면, 이 책이 여러분에게 길을 보여주는 친구가 되어줄 것이다.

— 박세진 ★ 저자의 12년 지기, 프리랜서 PD

너를 어디든 데려가줄 자유로운 삶의 방식

이 책을 쓰는 동안 여러 가지 감정의 변화를 겪었다. 처음 출판사에서 제안을 받았을 때만 해도 그동안 유튜브를 통해 공개했던 내 생각들을 다시 정리하는 마음으로 글을 쓰기 시작했다. 하지만 과거의 영상들을 오랜만에 열어보자 막상 글이 쉽게 써지지 않았다. 그동안 부족한 내용들로 너무 큰 사랑을 받아왔다는 생각이 들면서도, 내 이야기를 어디서부터 어떻게 전하면 좋을지 고민은 점차 깊어졌다. 그렇게 서서히 자신감이 떨어져 갈 때쯤, 한 영상 속 나는 이런 말을 하고 있었다.

"아웃풋이 나오지 않을 때는 인풋을 넣으세요!"

당당하고 자신 있게 말하는 과거의 내 모습에 나는 다시 독서를 시작했다. 그동안 영상에서 소개했던 여러 책을 잔뜩 꺼내 쌓아놓고 며칠을 집에 틀어박혀 읽고 또 읽기를 반복했다. 하지만 내게 한때 영감을 주었던 책을 다시 읽는다고 해서 달라지는 건 없었다. 오히려 수준 높은 통찰력과 연륜에서 나오는 지혜가 돋보이는 책을 읽다 보니, '내게 책 쓸 자격이 있는 걸까?' 하는 의구심만 커져 갔다. 글은 점점 더 쓰기 힘들어졌고, 내 자신감은 바닥을 치고 말았다.

그때 문득 한 선배가 내게 해준 이야기가 생각났다.
"앤드류는 내가 아는 사람 중에 가장 자유롭게 부의 추월 차선을 타는 사람이다."

그 선배의 이야기에서 나는 수많은 성공한 사람들 사이에서 내가 가질 수 있는 무기가 '자유롭게'라는 단어에 있다는 걸 발견할 수 있었다.

나는 성공한 사업가도 아니고, 부자, 전문가, 석학도 아니지만 그 누구보다 자유롭게 살아가는 사람이다. 그동안 많은 사람이 내가 만든 콘텐츠에 공감하고 함께한 이유 역시 자유롭게 살아가는 삶의 방식을 동경하고, 또 응원하기 때문일 것이다. 이 깨달음에 닿자 내가 글을 써야 하는 이유가 명확해졌다.

프롤로그 **9**

이번 책에서는 내가 가진 고민과 문제들을 해결하며 고수해온 '나의 자유로운 삶의 방식'을 보여주고 싶었다.

1부는 경제적 자유, 시간적 자유라는 멋진 말 대신 돈, 시간, 관계, 비교로부터 오는 문제에 대한 내 경험과 생각을 정리했고, 2부에는 모든 문제를 해결해줄 것 같은 전문가의 말 대신 누구나 가지고 있을 고민, 걱정, 불안, 콤플렉스를 어떻게 삶의 무기로 만들었는지를 지극히 개인적인 과거의 결핍을 마주하며 솔직하게 풀어냈다. 3부에서는 자기계발을 숙제처럼 생각했던 내가 어떻게 스스로를 움직이고 발전시키는지 담았고, 마지막 4부를 통해 그동안 여러 분야의 성공한 사람들을 만나며 정리한 나만의 성공 철학을 정리했다. 그렇게 『프리 웨이』는 완성되었다.

이 책을 쓰는 동안 나는 내 20대를 돌아볼 수 있었다. 그 시간 덕분에 패기 넘치던 20대의 자신감을 되찾았고, 용기를 얻었고, 위로받았으며, 무엇보다 나라는 사람이 누구인지 그리고 앞으로 어떻게 살아가야 할지 다시 한번 깨달을 수 있었다. 만약 내가 인생의 길을 잃어 힘든 시간을 겪게 된다면, 이 책이 나를 다시 붙잡아줄 수 있을 거라고 믿는다.

나를 자유롭게 한 이 질문을 당신에게도 던지고 싶다.

"당신은 스스로를 어떻게 키우고 싶나요?"

나는 적어도 나를 틀에 갇혀 사는 사람으로 키우고 싶지 않았다. 하고 싶은 것에 도전하며 나에게 주어진 가능성을 찾아 자유롭고 행복하게 키우고 싶다. 그리고 나를 자유롭게 해 주었던 인생의 지혜를 이 세상과 나누고 싶다. 내가 자유롭게 살기 위해 어떤 노력을 하고, 무엇을 배웠으며, 어떤 삶의 방식을 체득했는지 소개하는 이 책을 통해 당신도 질문에 대한 답을 찾을 수 있기를 바란다.

2024년 3월
드로우앤드류

목차

내가 자유로워질 수 있는 길 위에 서다
1부

"돈, 시간, 관계, 비교에서 벗어나기"

내면의 결핍을 무기로 만들 수 있다면

"고민, 걱정, 불안, 콤플렉스를 내 편으로 만들기"

나를 위한
자기계발을 하다

3부

"스스로를 움직이고
발전시키기"

나를 지키며
성장하는 길로 나아가다

4부

> "나만의 가능성을 향해
> 무한히 뻗어나가기"

내가 자유로워질 수 있는 길 위에 서다

"돈, 시간, 관계,
비교에서 벗어나기"

세상의 말이 아닌
내면의 이야기를
듣고 있나요?

01

스물두 살에 혼자 떠난 호주 워킹 홀리데이를 시작으로 필리
핀, 말레이시아를 거쳐 미국으로 건너가 20대의 반 이상을 해
외에서 보냈다. 언어를 배우고 다양한 경험을 통해 인생의 방
향을 모색하고자 해외 생활을 택한 것이었는데, 그 기간 동안
내가 크게 얻은 것이 있다면, 진로가 아닌 '스스로 결정하는 태
도'였다.

가족도 친구도 없는 낯선 땅에 도착해 가장 먼저 느낀 건
'적막함'이었다. 주변에서 들려오던 소리가 완전히 사라진 상태.

주말에 놀자고 부르는 친구의 소리,

방 치우고 밥 먹으라는 엄마의 소리,

나이에 따라 울려대는 사회적 알람 소리,

친숙한 모국어의 소리마저 사라진 적막의 상태.

이제 뭐든 나 혼자서 해내야 했다. 그런 생각이 들자 적막함은 이내 막막함이 되어버렸다. 그건 무슨 일이든 내 마음대로 할 수 있다는 뜻인 한편, 모든 일을 내가 스스로 결정하고 책임져야 한다는 뜻이기도 했다. 어디에 살고, 무엇을 먹고, 어떤 일을 할지, 주말에는 어디서 시간을 보낼지 등 작은 것 하나하나까지 스스로 결정해야 하는 일은 가족, 친구 등 수많은 관계 속에서 자라온 나에게는 어색하면서도 무섭기까지 했다.

그도 그럴 것이 우리는 대부분 어릴 때부터 비슷한 교육을 받고 자란다. 집에서는 부모님이 시키는 대로, 학교에서는 선생님이 시키는 대로, 사회에서는 회사에서 시키는 대로 하며 살아간다. 그러는 사이 자신도 모르게 지시에 따르는 삶에 익숙해지면 갑자기 외부의 소리가 사라졌을 때 어쩔 줄 모르게 된다. 바로 그 순간이 내게 찾아온 것이다.

새로운 환경에 혼자 뚝 떨어져 믿을 건 내 결정뿐이라는 생각이 들자 정신이 바짝 들었다. 내가 선택한 회사에 매일 출근하고, 발품을 팔아 계약한 집을 나의 안식처로 만들고, 직접 사온 재료들로 요리를 하고, 내가 계획한 일들로 하루를 채워 갔다. 일상의 작은 일부터 하나하나 결정하고 행동하며 책임지다 보니 어려운 결정이나 큰일을 할 수 있는 배포가 생겼고, 처음에 느낀 막막함도 점차 자신감으로 바뀌었다.

덕분에 나는 미국에서 안정적인 회사에서 나와 더 작은 회사로 이직을 했을 때, 외주 일을 그만두고 유튜브를 시작했을 때, 미국 생활을 정리하고 한국에 돌아왔을 때와 같이 새로운 시도를 할 때마다 주저하지 않고 움직일 수 있었다. 그때마다 내가 주변 사람들의 이야기에 귀를 기울였다면 어땠을까? 물론 응원과 격려의 말들도 있었지만 대부분은 부정적인 말들이었다. 하지만 오랜 해외 생활 덕분에 스스로 결정하는 태도와 그에 대한 믿음, 자신감이 있었던 나는 타인의 의견에 쉽게 흔들리지 않는 힘을 갖고 있었다. 설령 잘못된 선택을 했을 때에도 내가 성장하기 위해 겪어야 할 과정이라고 여겼다.

세계적인 베스트셀러 작가이자 경영자인 엠제이 드마코는 자신의 저서 『언스크립티드』에서 우리의 주의를 분산시키고 각본화된 삶을 살게 하는 '여섯 종류의 나팔수'에 대해 이야기한다. 그가 말하는 여섯 종류의 나팔수란 가족과 친구, 교육, 기업, 금융, 정부, 언론이다. 이런 나팔수들은 우리를 '모범MODEL 시민'으로 만든다. 평범하고Mediocre, 순종적이며Obedient,

의존적이고^{Dependent}, 오락에 쉽게 정신을 뺏기고^{Entertained}, 생명력 없는^{Lifeless} 존재로 만드는 것이다.

이 책을 읽는데, 과거의 내 모습이 떠올랐다. 과거의 나 역시 좋은 성적을 받아 좋은 학교에 들어가고, 좋은 직장에 들어가서 열심히 일하면 미래가 보장될 거라는 '보이지 않는 세상의 지시' 속에서 살았다. 하지만 보장된 미래라는 건 없다. 시대는 끊임없이 변화하기 때문이다. 우리는 그 속에서 스스로 선택하고 그 선택에 책임을 지는 사람이 되어야 한다.

최근에 나는 수많은 자기계발 유튜버들 사이에서 나만의 변별점은 무엇인가를 고민했다. 그동안 성공한 사람들을 많

엠제이 드마코의 '모범 시민'		내가 세운 정의
평범하고 Mediocre	➡	나답고 Be Myself
순종적이며 Obedient	➡	독립적이고 Independent
의존적이고 Dependent	➡	자유롭고 Free
오락에 정신을 뺏기고 Entertained	➡	일과 삶을 즐기고 Enjoy
생명력 없는 Lifeless	➡	생기 넘치는 Lively

내가 새롭게 세운 '자유로운 영혼의 자기계발러'가 되기 위한 정의

이 만났지만 나는 수백억 자산가나, 수천억 매출의 사업가가 되고 싶다는 생각은 들지 않았다. 나는 나답고$^{Be\ myself}$ 독립적^{Independent}이고, 자유롭게^{Free} 일과 삶을 즐기는^{Enjoy} 생기 넘치는 ^{Lively} 사람이 되고 싶다. 한마디로 말하자면 '자유로운 영혼의 자기계발러'. 나는 그런 사람이 되기로 했다.

평생 나의 인생을 다른 사람의 지시대로 살고 싶지 않다면 지금부터라도 스스로 선택하고 책임지는 연습을 하자. 다른 사람이 아닌 나에게 묻고 답하며 직접 문제의 해결책을 찾아보자. 그래야 내가 진짜 원하는 것이 무엇인지 알게 되고 다른 사람의 말에 흔들리지 않는 사람이 될 수 있다.

인생의 주인공이 되는 비용은 얼마일까?

02

미국에서 막 인턴 생활을 시작했을 때, 한 친구의 소개로 유학생 친구들과 함께 주말을 보낸 적이 있다.

"야, 딱히 먹을 것도 없는데 우리 고기나 먹으러 가자."

당시 나는 한 끼에 10달러 정도로 식사를 해결하곤 했지만, 그날 친구들을 따라 도착한 식당은 1인당 60달러짜리 고기 뷔페였다. 음룟값에 팁까지 내면 한 사람당 100달러가 훌쩍 넘었다.

'이 돈이면 열 끼를 먹을 수 있는데…'

예상치 못하게 큰 돈을 쓰게 되어 속이 탔지만, 애써 티 내지 않고 그 자리를 열심히 즐기려 노력했다. 하지만 명품 옷을 걸친 친구들 사이에서 나는 왠지 모를 괴리감을 느낄 수밖에 없었다. 그들에게 당연한 것이 나에겐 당연하지 않았기 때문이다.

20대 중반의 나이가 되면 이런 경험을 하기 마련이다. 보통 10대에는 가정 형편이 비슷한 동네 친구들과 어울리고, 20대 초반에는 전공이 같은 친구들과 어울려서 차이를 느끼기가 어렵다. 하지만 사회에 나오는 20대 중반부터는 수많은 비교 대상이 생긴다. 이제 막 사회에 나와 돈을 벌기 시작했으니 수입은 적고 모아둔 돈도 없는데, 이전의 환경과는 다른 세계에 사는 사람들을 만나게 되면서 차이를 크게 느끼고 그들과 자신을 비교하게 된다. 그때의 내가 느낀 감정도 그랬다. 남과 나를 비교하며 불행해지는 기분. 그래서 나는 남들에게서 눈을 돌리기로 했다. 가질 수 없는 것에 집착하며 부족함을 느끼기보다 내가 누릴 수 있는 것에 집중하기로 한 것이다.

그 뒤로 나는 의미 없는 모임에 나가 비싼 밥을 먹는 대신 산에 올라가 멋진 풍경을 감상하면서 샌드위치를 먹었고, 백화점에서 쇼핑하는 대신 플리 마켓이나 빈티지 숍에서 숨겨진 보물들을 찾았다. 당시 내가 몰던 차는 99년식 SUV로 연식이 좀 있었지만 트렁크에 스케이트보드를 싣고 혼자 공원과 바닷가로 가 그야말로 신나게 달렸다. 고급스러운 호텔에서 묵지는 못했지만 저렴한 호스텔에 묵으며 아침 일찍 하이킹을 가고, 드넓은 호수에서 수영을 했다. 자연은 누구에게나 공평하고 누구나 누릴 수 있다는 사실을 그때 배웠다. 가진 돈이 많지 않아도 삶을 행복하게 누리는 나만의 방법을 그렇게 조금씩 찾아나갔다.

> "내가 쓸 수 있는 안에서,
> 너무 궁상맞게 살지는 말자.
> 벌이를 늘리려고 스트레스를 받기보다
> 그 안에서 내가 할 수 있는 걸 하자."
> ─유튜브 <드로우앤드류> 중에서

이제는 나도 제법 경제적 여유가 생겨 파인 다이닝도 즐길 줄 알고 백화점에서 쇼핑하는 것도 자연스러워졌다. 하지만 그게 나라는 사람의 가치를 보여준다고 생각하지는 않는다. 물론 처음 그런 서비스를 받았을 때는 내가 마치 주인공이라도 된 것 같은 기분이 들기도 했지만, 그건 아주 잠깐에 불과했다. 돈만 있다면 누구나 누릴 수 있는 것일 뿐이었다.

인생의 주인공이 되는 데 얼마의 비용이 필요할까?
과연 그것을 돈으로 환산할 수 있을까?

미국에서 회사 생활을 할 때 플리 마켓에서 산 빈티지 캐리어. 지금도 고이 보관하고 있는 이 가방 안에는 나를 인생의 주인공으로 만들어준 그 시절의 추억이 남아 있다.

나는 돈이 많든 적든 자기의 삶에 집중하는 것이 진짜 인생을 주인공으로 사는 방법이라고 생각한다. 나의 20대는 비록 화려하진 않았지만 낭만으로 가득 차 있었다. 요즘도 나는 종종 그때를 회상하며 플리 마켓에서 산 빈티지 캐리어를 열어보는데, 그 안에는 내가 갔던 국립공원의 지도, 로컬 페스티벌 팸플릿, 자주 가던 플리 마켓의 입장 티켓, 친구들과 찍은 사진들과 주고받은 편지들이 들어 있다. 누군가에게는 그저 쓸모없는 종잇조각들로 보일지 모르지만, 가진 게 많이 없던 시절의 나를 멋진 주인공으로 만들어준 소중한 추억들이다.

여전히 나는 매년 작은 상자에 추억 조각들을 모으고 있다. 나를 다른 사람과 구별 지어 진짜 주인공으로 만들어주는 것은 돈이 아닌 추억이라고 믿기 때문이다. 그것들을 보고 있으면 나는 주인공이 된다. 내 인생이라는 드라마에서 고민하고 나아가고, 넘어지고, 다시 일어나 앞으로 나아가는 내가 있다.

부자 아빠도
사줄 수
없는 것

03

출간된 지 20년이 훌쩍 지났는데도 여전히 경제·경영 재테크 분야 베스트셀러의 자리를 굳건히 지키고 있는 책이 있다. 바로 로버트 기요사키의 『부자 아빠 가난한 아빠』다. 흥미로운 스토리텔링으로 경제 상식에 대한 기초는 물론 검증된 부자들의 투자 지침까지 담고 있어 자기계발서 혹은 경제·경영서를 좋아하는 사람이라면 한 번쯤은 읽어봤을 유명한 책이다.

나 역시 이 책을 아주 재미있게 읽었다. 돈에 대해 내가 가지고 있던 선입견도 깰 수 있었고, 자산과 부채라는 개념도 이 책을 통해 배울 수 있었다. 다만 이 책을 볼 때마다 그 제목과 콘셉트가 부자 아빠와 가난한 아빠를 비교하는 것처럼 보여 자칫 부자 아빠가 되지 못한 이들, 혹은 부자 아빠를 두지 못한 사람들을 패배자로 낙인찍는 것 같다는 생각이 들었다.

나의 아버지는 부자 아빠가 되지 못했다. 그로 인해 어머니는 경제 활동을 해야 했고 나는 맞벌이 부부의 외동아들로 자랐다. 유치원이 끝나도 부모님은 여전히 일을 하고 계셨고, 그런 탓에 나는 늘 이웃집 또는 할머니 댁에 맡겨졌다. 초등학교 4학년이 되던 해부터는 또래 친구들보다 일찍 휴대폰을 사용하기 시작했고, 학교가 끝나면 혼자 학원으로 향했다. 그런데 이런 환경 덕분이었을까? '외로움'이라는 결핍은 나의 독립심을 길러주었고 '형제가 없다'는 결핍은 나를 사교성 넘치는 아이로 자라게 해주었다.

그렇게 길러진 독립심과 사교성은 해외에 나갔을 때 빛을 발했다. 아무 연고도 없는 곳에서 혼자 집과 직업을 구하고 친구를 사귀는 일이 나에겐 전혀 어렵지 않았다. 내 안의 결핍이 오히려 나를 성장시키는 원동력이 되어준 셈이다.

돈도 마찬가지다. 돈의 결핍이 때로는 나를 힘들게도 했지만 그 결핍 덕분에 나는 더 열심히 움직일 수 있었다. 가진 것이 많지 않으니 잃을 것도 없다는 생각에 뭐든지 도전할 수 있었고, 필요를 스스로 채우기 위해 일찍이 아르바이트를 시작해 다양한 경험을 쌓을 수 있었다. 부자 아빠라도 사줄 수 없는 것이 바로 이런 동기다. 사람은 결핍이 있어야 욕구가 생기고 그 욕구를 충족하는 과정에서 성취와 만족을 느낀다. 그런 경험이 반복되면 나도 할 수 있다는 자신감이 생기고 독립된 사람으로 성장하게 된다.

만약 결핍이 없었다면 어땠을까? 스스로 무언가에 도전하고 결과물을 얻어내고자 하는 동기가 약해 이만하면 되었다고 생각하며 살았을지도 모르겠다. 하지만 나는 결핍이 큰 만큼 배가 고팠다. 그 허기가 나를 성장시켰고, 그렇게 나는 여기까지 왔다. 이렇듯 결핍을 기회로 삼으면 성장의 원동력이 되어줄 것이다. 그러니 부자 아빠가 되지 못했다고, 혹은 부자 아빠가 없다고 속상해하지 말자. 만약 부자 아빠가 되지 못했다면 대신에 그만큼의 사랑을 더 많이 주면 된다. 부자 아빠가 없다면 그 결핍을 원동력으로 내가 부자가 되면 된다. 로버트 기요사키도 그랬던 것처럼.

내가
가진
그릇의 크기

04

"아, 금수저인가 보네…."

나를 잘 모르는 사람들은 종종 나를 금수저로 오해한다. 젊은 나이에 한강이 보이는 오피스텔에 살고, 해외 경험을 예로 성장 과정을 이야기하다 보니 그런 오해를 샀을 수도 있겠다. 하지만 나는 금수저와 전혀 거리가 먼 사람이라 그런 말을 들을 때면 화가 나기도 한다.

'내가 진짜 금수저면 억울하지라도 않지.'

여태껏 수많은 아르바이트를 가리지 않고 했고, 호주에서 워킹 홀리데이 생활을 할 때는 설거지를 하도 많이 해서 아직까지 손끝이 갈라져 있을 정도다. 미국에서 회사 생활을 할 때는 식비를 아끼려고 매일 도시락을 싸서 가지고 다녔고, 20년 가까이 된 차를 타고 다녔다. 금수저로 보일 만한 구석이 없는 삶을 살았는데, 그렇게 보였다면 고생한 티가 나지 않는다는 뜻이니까 칭찬으로 받아들여볼까 싶다가도, 지금까지 내가 한 노력과 성취가 그 세 글자로 폄하되는 것 같아서 역시 불편함을 떨치기 어렵다.

내가 금수저란 말에 유독 펄쩍 뛰는 이유는 미국에서의 경험 때문이다. 1년 유학 비용이 1억 가까이 드는 미국에서 만난 유학생들 중에는 집안이 부유한 친구들이 상당히 많았다. 금수저에 가까운 친구들이었다. 한번은 중국인 유학생 친구의 집에 놀러 간 적이 있다. 그 친구는 뒷마당에 정원이 있는 넓은 집에 살고 있었다. 차고에는 아우디 승용차가 두 대 있었는데, 한 대는 통학용, 한 대는 놀러 나갈 때 타는 스포츠카라고 했다. 심지어 학교에 입학할 당시 부모님이 사준 그 집은 나중에 집값이 올라서 유학에 든 비용은 우습게 느껴질 정도였다. 돈이 돈을 번다는 게 이런 거구나 싶었다.

하루는 그 친구를 따라 졸업 전시회에 간 적이 있다. 학교가 언덕 위에 있어서 차를 끌고 올라가는데, 그날따라 하필이면 앞뒤로 스포츠카가 주행 중이었다. 20년 된 내 차가 힘이 달려 뒤로 밀릴 때마다 만에 하나 접촉 사고라도 날까 봐 얼마나 심장이 쿵쾅대던지…. 고급 스포츠카를 박으면 몇 달 치 월급이 날아갈 게 뻔해 등 뒤로 식은땀이 그야말로 줄줄 흘렀다. 안전하게 도착해 주차를 하려고 보니, 이번에는 주차장이 스포츠카 전시장이라도 되는 양 휘황찬란한 모습이었다. 이제 '문콕'이 걱정될 판이었다. "세상에 참 돈 많은 사람이 많구나." 혼잣말을 하며 전시관으로 향하는데, 내 얘기를 들은 친구로부터 의외의 이야기를 듣게 됐다.

소위 금수저라고 불리는 자신은 지금 누리고 있는 풍족한 삶이 본인의 노력이 아니라 부모님 덕분이라는 사실을 잘 알고 있었다. 그리고 경제적 지원을 아낌없이 받는 만큼 자신에게 부모님의 의견이 절대적이라고 했다. 어떤 대학에 갈지, 무엇을 공부할지, 어떤 직업을 가질지, 심지어는 어떤 친구를 만나는지, 누구와 연애를 하고 어떤 사람과 결혼할지까지도.

그래서였을까? 내가 만난 금수저 친구들은 어려운 일에 도전할 만큼의 강한 동기가 없어 보였다. 그러다 보니 자신의 역량이 얼마나 되는지 객관화가 어려워 작은 실패에도 쉽게 스트레스를 받는 듯 보였다. 반면 작은 성공에는 굉장히 무덤덤했다. 그 정도 성과로는 부모님을 만족시킬 수 없다는 걸 알기에 성취감을 쉬이 느끼지 못했다. 잘하면 '금수저니까 당연하다'는 소리를 듣고, 못하면 '그렇게 지원받았는데 그것도 못하냐'는 주변의 따가운 시선을 받았다.

결국 그들의 가장 큰 고충은 뛰어넘기 너무 어려운 부모님이라는 존재 같았다. 친구의 진솔한 이야기에 돈 많은 집에서 태어나면 하고 싶은 거 다 하고 살 거라는 생각이 얼마나 큰 착각인지, 누군가를 '금수저'라는 말로 납작하게 표현하며 묘하게 깎아내리는 게 얼마나 어리석은 일인지를 생각하게 되었다.

2020년 KDI 경제정보센터가 30세 직장인 500명과 60세

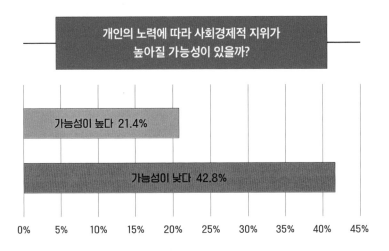

출처: KDI 경제정보센터, 여론조사: 서른 살의 희로애락, 2020년 12월호

직장인 500명을 대상으로 진행한 설문 조사에 따르면 개인의 노력에 따라 사회경제적 지위가 높아질 가능성에 대해 30세의 42.8퍼센트가 '가능성이 낮다'고 응답했고, 21.4퍼센트는 '가능성이 높다'고 답했다. 당신은 이 두 가지 선택지 중 어느 쪽에 서고 싶을까?

부모의 지원 덕분에 순탄하게 성장할 수 있다면 감사한 일이다. 하지만 부모의 지원 없이도 스스로 폭발적으로 성장하는 이들도 많다. 금수저든 흙수저든 우리가 선택해서 물고 태어난 게 아니니, 그것은 중요하지 않다. 중요한 건 수저가 아니라 살면서 얻게 되는 음식을 담을 그릇이다. 사람마다 각자의 고충이 있고, 가진 것이 많으면 그에 상응하는 대가와 책임도 있는 법이다. 그러니 바꾸지 못할 것을 부러워하는 대신, 자신의 그릇을 만드는 데 집중해보자. 거기에 맛있는 음식을 담아 먹으면 그만이다. 정말이지, 중요한 건 수저가 아니라 그릇이다.

어릴수록 키우기 좋은 자본

성공한 사람들은 왜 늘 돈이 전부가 아니라고 말하는 걸까? 나도 한때 이런 의문을 품은 적이 있다. 아마도 사람은 자기가 가진 것보다 가지지 못한 것에 가치를 두기 마련이므로 이미 돈을 많이 가진 사람들은 돈에 가치를 덜 두는 것이겠거니 했다. 그럼에도 불구하고 완전히 해결되지 않은 의문이 있었는데, 얼마 뒤 읽은 책에서 이를 해소할 수 있었다.

독일의 영문학 박사이자 컨설턴트인 도리스 메르틴은 자신의 책 『아비투스』에서 인간의 품격을 결정하는 일곱 가지 자본을 소개한다. 그 일곱 가지 자본이란 우리가 지닌 심리, 문화, 지식, 경제, 신체, 언어, 사회다. 저자는 이 자본들은 각자의

아비투스 Habitus	·타인과 나를 구별 짓는 취향, 습관, 아우라 ·사회문화적 환경에 의해 결정되는 제2의 본성 ·계층 및 사회적 지위의 결과이자 표현

출처: 『아비투스』, 다산초당, 2020

취향과 개성, 품격으로 드러나며, 이것을 다듬을 때에 특정한 환경에 의해 형성된 무의식을 뛰어넘어 보다 높은 태도, 모습, 상태를 가진 개인이 될 수 있다고 말한다.

아비투스, 즉 몸에 밴 사상, 태도, 언어와 몸짓의 품격은 한 순간에 만들어지지 않는다. 성공한 사람이 아니라 존경받을 만한 사람이 되려면 경제 자본뿐만 아니라 심리, 문화, 지식, 신체, 언어, 사회와 같은 다양한 자본을 키워야 한다.

몇 해 전, 말레이시아에서 이제 막 아홉 살이 된 한국 어린이를 만난 적이 있다. 그곳에서 태어나고 자란 아이는 언어 실력이 부족한 부모님을 대신해 시장에서 유창한 영어와 말레이시아어로 식재료 가격을 흥정하고 있었다. 영어, 중국어, 말레이시아어, 그리고 한국어까지 4개 국어를 자유자재로 넘나들며 현지 사람들과 소통하는 아이를 보면서 앞으로 그 친구가 만나게 될 세상이 얼마나 넓을지 기대가 되었다. 다른 언어를 쓴다는 건 그만큼 접할 수 있는 문화 자본과 지식 자본 또한 넓어질 수 있음을 의미하기 때문이다.

　나 또한 20대를 돌아보면 영어를 할 수 있었기에 누릴 수 있는 것이 많았다. 실력이 완벽하진 않았지만 외국인 친구들에게 서슴없이 말을 걸 수 있었고, 그 나라의 문화와 공간들을 더 적극적으로 즐길 수 있었다. 언어를 하나 더 할 수 있다는 것만으로도 얻을 수 있는 정보량이 많아졌고, 그 안에서 더 많은 기회를 만나 더 넓은 세상을 경험할 수 있었다. 그리고 20대에 키운 나의 언어 자본과 문화 자본은 유튜브를 시작할 때 더욱 다양한 콘텐츠를 조사하고 기획할 수 있게 해주었다. 지금 〈드로우앤드류〉 채널에서 해외 유명 저자와 인터뷰를 할 수 있는 것도 20대에 키운 그 자본들 덕분이다.

　만약 당시 내가 돈을 먼저 택했다면 미국 인턴십이 아닌 국내 취업을 선택했을 것이다. 문화를 배우고 경험을 쌓는 영어 공부 대신 취업에 필요한 성적을 얻기 위해 시험에 필요한 영어를 공부하고, 하루빨리 큰돈을 모아 차와 집을 사고 회사에서 더 높은 자리로 승진하는 그림을 그렸을 것이다. 그랬다면 당장의 경제 자본은 얻을 수 있었을지 몰라도 지금의 '드로우앤드류'라는 정체성은 갖지 못했을 터다.

그동안 자기계발 콘텐츠를 만들며 돈을 빨리 버는 것에 목표를 둬 조바심을 내는 사람들을 많이 봐왔다. 그럴 때마다 나는 경제 자본의 속성이 다른 자본과 다른 점을 생각해봐야 한다고 이야기했다. 경제 자본은 다른 자본들과 달리 어릴 때보다 어느 정도 나이가 들었을 때 키우기 좋다고 말이다. 평균적으로 보더라도 20대보다 30대, 30대보다 40대의 소득이 높다. 연차가 쌓일수록 자기 분야에서 전문성과 노하우가 쌓이고, 그 결과 자연스럽게 소득이 높아지기 때문이다.

　　물론 일찍 경제 자본을 쌓은 이들도 있고, 그들의 성공이 대단해 보이는 것도 사실이다. 그것 역시 높이 살 만한 일이라고 생각한다. 그러나 그게 자신의 경제관에 영향을 미쳐 압박감이나 불안 같은 부정적인 감정을 불러일으키고 있다면, 현재 키울 수 있는 다른 자본에 집중해보는 것이 도움이 될 것이다. 나이가 어릴수록 키울 수 있는 자본은 많다. 운동선수들을 보면 보통 전성기가 10대 후반에서 30대 초반으로 대체로 어리다. 사람의 유전자에 따라 다르겠지만 나이가 들수록 신체 능력을 유지하는 데 더 많은 시간과 노력이 든다. 어렸을 때는 조금만 운동해도 근육이 잘 붙지만, 나이가 들수록 그와 비슷한 신체 능력을 갖추기 위해서는 더 많은 시간과 노력이 필요하기 때문에 신체 자본은 어릴수록 키우기에 유리하다. 또한 운동선수가 아니더라도 건강한 식습관과 꾸준한 운동으로 좋은 신체를 가지고 있는 사람들은 대체로 자신감이 넘치고 심리적으로 안정되어 있다. 건강한 신체 자본과 심리 자본을 가진 사람은 일에서도 더 도전적이고 끈기가 있어 성공할 확률이 높다.

상대적으로 돈보다 시간이 많은 20~30대에는 공부와 경험을 통해 지식 자본과 문화 자본을 키우기에도 유리하다. 대개 이러한 자본들은 한번에 키워지기보다 투자한 시간과 노력에 따라 천천히 차오르고 쉽게 없어지지 않는다. 그래서 어릴수록 키워두면 좋은 거다. 반면 경제 자본은 조금 다르다. 한번에 확 커지고 쉽게 없어지기도 한다. 갑자기 사업이 크게 성장할 수도 있고 투자를 잘해 큰돈을 벌기도 하지만 잘못된 선택으로 하루아침에 잃기도 쉬운 게 경제 자본이다. 갑자기 수입이 커지면 씀씀이가 헤퍼지기도 하고 판단력이 흐려져 사업에 실패하거나 무리한 투자로 큰 손실을 내는 경우도 볼 수 있다. 그래서 경제 자본에만 집착하면 불안해질 수밖에 없다.

사업이나 투자도 지식 자본, 사회 자본뿐 아니라 심리 자본이 두루 갖춰져야 잘해낼 수 있다. 물론 어린 시절부터 경제 자본을 키우기 위해 달려가는 걸 나쁘다고 할 수는 없다. 하지만 경제 자본에만 집중하면 내면의 품격을 쌓지 못해 소위 말하는 졸부가 되기 쉽다. '부'에 상응하는 다른 자본을 고루 기르지 못한다면 내 삶의 품격을 갖추기란 어려울 것이다. 진정한 의미의 부자가 되고 싶다면 어릴수록 키우기 좋은 다른 자본들부터 하나씩 키워보는 건 어떨까?

고유한 멋과 품격을 가지고 있는 사람은 자신만의 아비투스를 지니고 있다. 나는 그런 사람이 되고 싶다.

시대를 탓하기엔 우린 너무 많은 특권을 갖고 있다

요즘 뉴스를 보면 경기 불황으로 취업 시장이 얼어붙었다는 기사를 자주 접하게 된다. 경기 불황을 전하는 뉴스를 보다 보면 시대는 언제나 암울한 것 같다. 내가 대학에 입학한 2008년에는 리먼 브라더스 사태(세계 4위의 투자은행으로 꼽히던 리먼 브라더스의 파산에서 시작된 글로벌 금융 위기를 가리키는 말)로 전 세계가 금융 위기를 맞아 뉴스만 틀면 "위기다", "취업 빙하기다"라는 말이 쏟아졌다. 생각해보면 15년이 지난 지금까지 나는 취업 시장이 좋아졌다는 소리를 들어보지 못했다. 그런데 그런 시기에도 취업에 성공한 사람도 있고, 창업해서 기업을 일궈낸 사람도 있다. 누군가에게는 불황이지만 다른 누군가는 같은 환경에서 꾸준히 기회를 잡은 것이다.

MZ 세대를 두고 '부모보다 가난한 첫 번째 세대', '계층 사다리가 끊어진 세대'라는 표현을 쓴다. 부모 세대가 같은 나이일 때 벌던 것보다 20퍼센트나 소득이 적은 데에 반해 정년이 보장된 일자리를 구하기는 더 힘들어졌고, 임금 상승률은 낮아졌지만 학비와 물가, 집값은 치솟은 세태를 나타내는 표현이다. 노동 소득만으로는 아무리 노력해도 집 한 채 장만하기가 어렵고, '영끌'을 해서 집 장만에 성공했다고 하더라도 월급 인상률이 부동산 금리 인상률을 따라잡기 바쁜 게 현실이다.

뉴스 기사 하단의 댓글창에는 시대를 탓하고 나라를 탓하는 사람들의 글이 많아졌다. 그런 글들을 보며 한편으로는 정말 그러한가 속으로 되묻게 된다. 만약 당신이 50~60년 전에 태어났다면 당신의 삶이 지금과 달랐을까? 나는 아니라고 생각한다. 언제나 같은 시대를 살아도 기회를 잡는 사람이 있는 반면 아닌 사람도 많기 때문이다.

서른 살까지 고작 1,000만 원을 겨우 모을 수 있었던 나는 지난 3년 반 사이에 부모님이 평생 모은 자산보다 더 많은 돈을 벌 수 있었다. 내가 잘나거나 월등히 뛰어나서 하는 말이 아니다. 나 역시 시대의 기회를 잡은 사람일 뿐이라는 얘기다.

우리 집 이야기를 좀 더 해보면, 나의 증조 할아버지는 독립 유공자셨고, 외할아버지는 국가 유공자셨다. 두 분 모두 그 시대에 부를 이루는 선택 대신 나라를 지키는 선택을 하셨다. 그 점에서 두 분은 이미 나보다 훨씬 훌륭한 일을 하신 분들이다. 나라를 위한 그분들의 선택이 그 어떤 선택보다 귀중한 가치를 실천한 삶이라고 믿는다. 그럼 나의 부모님이 고등학교를 졸업했을 당시인 1980년대는 어땠을까. 지금은 대학에 진학하는 것이 당연하지만, 그 당시만 해도 그렇지 않았고 우리 부모님 역시 고등학교를 졸업하자마자 바로 일을 하시게 됐다.

반면 나는 어떠한가. 누구나 대학에 가는 시대에 태어나 당연하게 대학에 들어갔다. 부모님 세대에 해외에 나가는 건 돈이 많거나 국가의 지원을 받은 사람들만 누리는 특권이었지만, 지금은 해외 여행을 마음만 먹으면 할 수 있고, 다양한 지원 사업이 활성화되어 큰돈을 들이지 않고도 여러 기회를 얻을 수 있다. 그 덕분에 나는 호주 워킹 홀리데이와 미국 인턴십을 경험할 수 있었다.

지금은 내가 대학을 졸업할 때보다 기회가 더 많아졌다. 굳이 대학에 가지 않아도 되는 시대가 되었기 때문이다. 또 해외에 나가지 않더라도 인터넷으로 다양한 정보를 찾아볼 수 있다. 그래서 '부모보다 가난한 세대가 아닌 현명한 세대'라는 말이 나오기도 하는 것이다. MZ 세대는 스마트폰만으로도 본인에게 필요한 것을 찾아내고 스스로의 기지로 저성장 시대를 헤쳐나가고 있다.

미국의 대표 디지털 마케팅 기업인 '바이너미디어'를 운영하는 사업가이자 베스트셀러 작가, 동기부여 강연가인 게리 바이너척은 어린 시절 러시아에서 미국으로 이주하여 가난한 이민자 가정에서 자라 자수성가한 인물이다. 그는 내가 유튜브를 시작할 때 내게 가장 많은 영감과 자극을 준 사람이기도 하다. 그런 그가 강연에서 늘 하는 말이 있다.

"당신이 들고 있는 스마트폰으로
얼마나 많은 일을 할 수 있는지,
그리고 소셜 미디어로 지금 당장 내 메시지를
세상에 전달할 수 있다는 것이
얼마나 큰 특권인지 알아야 한다."

게리의 이 한마디는 내게 '시대의 기회'를 어떻게 잡을 수 있을지 보여주었다. 나는 그가 한 이야기를 실제 삶에 적용해 내 메시지를 세상에 전할 수 있는 창구를 만들었고, 그 결과 현재의 드로우앤드류가 될 수 있었다. 몇 달 전에는 뉴욕에서 게리를 직접 만나 함께 콘텐츠를 찍기도 했다. 그날, 나는 그에게 이렇게 말했다.

"저는 당신이 말한 대로 소셜 미디어에 저의 메시지를 담은 콘텐츠를 올리기 시작했고 지금의 제가 될 수 있었습니다."

기회를 잡는 사람들은 시대를 탓하기보다 이용한다. 나는 시대의 기회가 눈에 보일 때마다 적극적으로 움직여 수혜를 누렸다. 워킹 홀리데이를 통해 돈을 벌면서 영어를 배웠고, 대학의 지원 프로그램을 통해 큰돈을 들이지 않고 미국 인턴십에 선발될 수 있었다. 미국에서는 소셜 미디어의 성장과 '크리에이터 이코노미(창작자 경제)'의 흐름을 빠르게 체득했다. 그 결과 소셜 미디어를 적극 활용해 퍼스널 브랜딩을 할 수 있었고, 나의 재능을 수익화하면서 돈을 벌 기회를 잡을 수 있었다.

이렇듯 어떤 시기든 그 시대가 주는 기회는 반드시 있다. 우리 세대에게는 우리만의 새로운 기회들이 있고 앞으로도 수많은 가능성이 열릴 것이다. 그러니 시대만 탓하기보다 나에게 주어진 것들을 떠올려보자.

정말 경기 불황이
당신의 성공을 막고 있다고
생각하는가?

시대를 탓하기엔
우린 너무 많은 특권을
가지고 있다.

소비에서
자유로워지기

"앤드류는 왜 차가 없어? 그 정도 벌면 외제차는 살 수 있지 않아? 골프도 안 쳐? 남자는 명품 시계 하나쯤은 있어야 되는데…."

30대 초반에 또래의 친구들보다 돈을 더 잘 벌게 되자 듣게 된 말들이다. 보통 돈을 좀 벌기 시작하면 대개는 외제차나 명품 가방과 시계, 골프, 파인 다이닝 등에 관심을 갖는 것 같다. 그런데 희한하게도 나는 그런 것들에 관심이 가지 않았다. 왜 그런가 생각을 해보니 20대부터 늘 지켜오던 소비 철학의 영향임을 알 수 있었다.

"소비를 늘리는 건 쉽지만 줄이는 건 어렵다."

나는 이 말에 전적으로 동의한다. 만약 내가 차를 사고, 명품 시계를 차고, 골프를 치고, 파인 다이닝을 즐기기 시작하면 나는 점점 더 많은 걸 원하게 될 게 뻔했다. 그럼 돈을 더 많이 버는 데만 혈안이 되어 내가 가장 중요하게 생각하는 것을 잃게 될 것이라는 생각이 들었다.

내게 가장 중요한 가치는 자유이고,
자유는 내가 소비를 절제할수록 폭이 더 넓어졌다.

물론 경제적 여유가 되는 선에서 그것들을 즐기는 건 동기부여도 되고, 자기만족을 가져다줄 수도 있다. 하지만 그것들을 누리기 위해 더 돈을 벌어야 하는 상황이 초래될 것이 마땅찮았고, 돈이 스트레스가 되는 삶을 원치 않았다.

실제로 몇 년간 의도하든 의도하지 않든 나의 소득은 계속 높아졌고 얼마를 버는지조차 잘 모르고 살았다. 사업자 등록을 하고 세무사에 세금 처리를 맡기고 나서야 비로소 내가 얼마를 버는지 알게 되었다. 소득이 커지면서 건강보험료는 무섭게 올랐고, 부가가치세며 소득세, 재산세 등 신경 써야 할 것이 더 많아졌다. 무엇보다 채널이 커지면서 함께 일하는 팀원들을 챙기는 것도 중요한 과제였다. 그런 내 상황을 아는지 모르는지 주변에서 내게 경제적 도움을 기대하는 사람도 있는가 하면, 반대로 내 기준에서는 소비 씀씀이가 큰 사람들이 함께 어울리자고 부르는 경우도 생겼다. 두 경우 모두 내가 그들의 기대에 부응하지 못했을 때 섭섭해하는 모습을 보거나 소외되는 일도 경험하면서 돈이라는 게 참 무섭다는 생각을 다시 한번 했다.

만약 내가 삶의 가치로 자유를, 삶의 기준을 나로 정해두지 않고 그들의 기대에 부응하기 위해 발버둥 치는 사람이었다면, 소외되지 않기 위해 돈을 쓰고 버는 사람이 되었을 것이다. 더 많은 돈을 벌기 위해 시간과 에너지를 쓰면서 스트레스는 더 많이 받는 삶. 그토록 바라던 경제적 자유는 얻을지 몰라도 시간적 자유, 정신적 자유에서는 멀어지는 삶이 되지 않았을까. 시간이 많을 때는 돈이 없고, 돈이 없을 때는 시간이 많다는 말이 괜히 있는 게 아니다. 돈과 자유의 밸런스를 유지하기 위해 적절한 소비는, 그래서 무엇보다 중요하다.

한번은 지인이 내게 이런 질문을 한 적이 있다.
"요즘 뭐 갖고 싶다고 생각한 거 있어? 나는 엄청 많은데…. 왜 이렇게 사고 싶은 게 많을까!"

한참을 생각한 끝에, 없다고 대답했다.

"저는 사고 싶은 게 있으면 그냥 사요. 그런데 고민할 정도라면 필요 이상의 비용이 드는 거겠죠. 그런 거라면 갖고 싶다고 생각을 애초에 하지 않는 것 같아요."

나라고 비싸고 좋은 것을 갖고 싶은 마음이 없겠는가. 그저 마음에 두지 않는 것뿐이다. 화려한 것들이 아니어도 내 삶을 반짝거리게 만들 수 있는 것들은 많다는 걸 기억하자.

20대의 내가 후회하는 소비와 그렇지 않은 소비 분석

20대 때의 후회하는 소비

남에게 잘 보이려 했던 소비들   XXX원
↘ 타인에게 잘 보이려 애쓰는 것만큼 안타까운 일도 없다.

유행을 좇아 소비한 것들   XXX원
↘ 이제는 인스타그램 속 핫플레이스를 방문하고 물건을 사며
내 시간과 돈을 쏟지 않는다.

할부로 구매한 것들   XXX원
↘ 일시불로 살 수 없는 것은 부동산 빼고 다 사치다.

20대 때의 후회하지 않는 소비

경험과 배움에 투자한 것   XXX원
↘ 내 능력과 가치를 높이는 것에 돈을 아끼지 않는다.

건강을 위해 소비한 것   XXX원
↘ 내 몸이 최고의 자산이다.

중고 사이트를 이용해 차와 가구를 구매한 것   XXX원
↘ 감가상각. 물건은 사는 순간부터 가격이 떨어진다는 사실을
잊지 말자.

플리 마켓에서 산 물건들   XXX원
↘ 물건을 고르는 안목을 길러주었다.

멈추면
비로소
보이는 것들

작년 여름, 태국 남부에 위치한 작은 섬인 크라비에 다녀왔다.
크라비는 방콕 국제공항에서 비행기로 한 시간 반 정도 거리
에 위치한 관광지다. 세계적으로 유명한 암벽 등반 명소가 있
어 클라이밍을 하는 이들에게는 성지로 불리는 곳이기도 하다.
평소 클라이밍을 즐겨 하는 친구의 제안으로 갑자기 떠나게 된
여행이었다. 재작년부터 바쁘다는 핑계로 쉼 없이 달려왔기에
그해만큼은 '일 내려놓기'를 연습하기로 한 나는 예전과 달리
그런 결정을 하는 데 망설이지 않았다.

크라비를 여행하던 중 독일에서 온 열여덟 살 소녀를 만났
다. 혼자서 8개월째 아프리카, 인도를 거쳐서 동남아를 여행하

고 있다고 했다. 내가 한창 입시를 준비하던 나이에 그 친구는 아르바이트를 해서 모은 돈으로 세계여행을 하고 있었다. 갭이어gap year를 가지고 있는 친구를 보니 그런 문화가 퍽 부럽게 느껴졌다.

유럽에는 고등학교를 졸업하고 대학에 들어가기 전에 일을 하거나 여행을 하면서 사회를 경험하는 '갭 이어' 문화가 자리 잡은 지 오래다. 영화《해리 포터》시리즈에서 헤르미온느 역을 맡았던 엠마 왓슨은 대학에 입학하기 전에 영국의 공정무역 패션 브랜드에서 디자이너로 활동했으며, 영국 드라마《셜록》의 주인공 베네딕트 컴버배치는 배우가 되기 전에 티베트의 수도원에서 영어를 가르치며 갭 이어를 가졌다고 한다.

그 친구와 대화를 나누다 보니 문득 나와 내 주변 친구들을 돌아보게 되었다. 쉼 없이 고등학교에서 대학교로, 다시 회사로 옮겨 가기에 바빴던 모습. 자신에 대해 탐구하기도 전에 점수에 맞춰 대학 전공을 선택하고 적성에 맞지 않는 공부를 하며 고생하던 친구들도 생각났다. 나중에라도 자신의 적성을 알게 되어 전공을 바꾸거나 복수 전공을 하면 다행이지만 그렇지 못할 경우에는 급하게 취업 전선에 뛰어들었다. 업무보다는 회사의 이름만 보고 직장에 들어간 친구들은 시간이 한참 지나고서야 이렇게 말했다.

"이 일은 나한테 맞지 않는 거 같아."

"그래서 네가 하고 싶은 게 뭔데?"

"나도 몰라. 알면 이러고 있겠냐!"

지금이라도 하고 싶은 일을 찾아 다시 시작해도 늦지 않지만, 그동안 해온 것이 아까워서 내려놓지 못하겠다는 친구의 고민에 공감할 수밖에 없었다. 다들 잘 자리 잡고 앞으로 치고 나가는데 자신만 뒤처지는 듯한 기분이란 거다. 나는 이것이 우리의 좁은 시야에서 비롯된 일이라고 생각한다. 세상을 넓게, 인생을 멀리 보지 못해서 생긴 문제라고 말이다.

어려서부터 미술을 좋아했던 나는 미대 입시를 통해 디자인과에 들어갔다. 디자인을 공부한 만큼 디자이너가 되는 것이 앞으로 내가 갖게 될 유일한 커리어라고 생각했다. 디자인과에서 디자인을 배우며 디자인만 하니까…. 그 생각이 조금씩 깨진 것은 학교 밖에서 대외 활동을 하고 아르바이트를 하면서부터였다.

"세상에는 참 다양한 사람이 많구나."

내가 전부라고 생각했던 세상은 나의 작은 우물에 불과했다. 내가 쓰는 언어, 내가 사는 나라, 내가 만난 사람, 내가 경험한 일이 고작 내 세계의 전부였다. 그길로 나는 내 세계를 넓히기 위해 노력하기 시작했다. 영어를 배우고, 해외에 나가고, 다양한 사람들을 만났다. 내 세계가 넓어질수록 내가 살아가고 싶은 삶의 모습이 선명해졌다. 희미했던 길이 구체적으로 보이기 시작했다.

이건 어떤 면에서 산을 오르는 일과 비슷하다. 세상에는 오를 수 있는 산이 정말 많다. 그런데 급하게 오르거나 오로지 정상만을 목표로 삼는다면 정상밖에 보이지 않는다. 하지만 여러 산을 경험하고 주위를 둘러보며 더 많은 산이 있다는 사실을 깨달으면 내가 오르고 싶은 산이 어떤 산인지 알 수 있다. 드넓은 꽃밭이 있는 산인지, 높은 폭포가 있는 산인지, 눈 덮인 설산인지…. 만약 지금 오르고 있는 산이 내가 진짜 원하는 산이 아니라면 다시 내려와 다른 산을 오르면 된다.

지금 진로에 대해 고민하고 있는 사람이 있다면 나는 세상은 넓고, 오를 수 있는 산은 많다고 말해주고 싶다. 혹시 자신만의 좁은 세상에 갇혀 더 넓은 세상을 보지 못하고 있는 건 아닌지 돌아보라고 말이다. 크라비섬에서 한 클라이밍은 내게 산을 오르는 법을 알려주었지만, 잠시 멈추는 법도 가르쳐주었다. 쉼 없이 오르다 길이 막히면, 한숨 고르고 주변을 둘러보기를. 그렇게 잠시 멈추고 기다리면 다시 오를 힘이 생길 것이다.

이제는 안다
붙잡고 있던

것을
놓으면

더 넓은
세상이

크라비에서 나는 붙잡고 있던 세상을 놓아보는 것도
필요한 경험이라는 걸 깨달았다.

나를 기다리고
있다는 것을

우리에게는
증명할
의무가 없어

미국에 살 때 종종 한국에서 친구들이 놀러 오곤 했다. 한번은 고등학교 친구가 자기 친구들을 데리고 미국에 놀러 왔다. LA 는 차가 없으면 여행하기 불편하기에 나는 주말 동안 그 친구들을 데리고 유명 관광지를 구경시켜주었다. 그때 친구들 중 한 명이 나에게 여러 가지 질문을 했다. 무슨 일을 하는지, 돈은 얼마나 버는지 또 얼마나 모았는지, 앞으로의 계획은 무엇인지 등 처음 보는 사람에게서 사적인 질문을 연달아 받으니 적잖이 당황스러웠지만 솔직하게 하나하나 대답해주었다. 그런데 당시 내 월급 액수를 들은 친구가 걱정스러운 표정으로 이렇게 되물었다.

"그 월급으로 미국에서 생활이 돼…?"

"아! 나는 20대 때 번 돈은 경험하는 데에 투자하고 싶어서. 지금 돈은 모으지 못해도 여기서 많은 걸 배우고 있어."

그 말을 들은 친구가 화들짝 놀라며 "너 나중에 결혼은 어떻게 하려고 그래? 미래를 위해 지금부터 열심히 저축해야지!"라고 하는 게 아닌가! 거기에는 아무 대꾸도 하지 못했다. 아니, 대답하지 않았다는 게 더 정확할 것 같다. 삶의 가치관이 다른 사람에게 일일이 설명할 필요도, 설득할 필요도 없었기 때문이다.

그 이후에도 이와 비슷한 경험을 여러 번 했다. 내가 무언가를 시작할 때마다 주변에서는 늘 이유를 물어왔다.

"그거 왜 하는 거야? 어디 써먹을 데는 있고?"

정말 이유가 궁금해서 묻는 사람도 있었겠지만, 어디에 써먹는지를 묻는 질문을 들을 때면 늘 의아했다. 나는 그저 하고 싶은 일을 해보는 것일 뿐인데 마치 그 일을 통해 '어떤 결과물'을 내라고 요구받는 기분이 들었다. 왜 내가 하고 싶어서 하는 일들의 이유와 필요성을 누군가에게 '증명'해야 할까.

우리는 어떤 학교를 졸업했는지, 어떤 회사를 다니는지, 연봉은 얼마나 되는지, 어디에 사는지, 무슨 차를 타는지, 어느 브랜드의 옷을 입는지 등 다양한 방식으로 자신을 증명해야 하는 사회에 살고 있는 듯하다. 그런 사회적 분위기에 너무 익숙해진 나머지 때로는 그 잣대로 남들에게 증명을 요구하기도 한다. 가끔 처음 보는 사람과 대화를 나눌 때 유튜브를 하고 있다고 말하면 열에 아홉은 반드시 물어온다. "그걸로 먹고살 만해요?"라고. 그럼 나는 자동 반사적으로 이렇게 답한다. "네, 그럭저럭 먹고삽니다." '구독자 00명, 연소득 00억, 00평 한강 뷰 오피스텔 거주.' 가끔은 이렇게 명찰처럼 만들어 가슴팍에 붙이고 다닐까 싶을 정도다.

그런데 내 유튜브 채널을 알고, 내가 이런저런 다양한 사업으로 돈을 번다는 사실을 아는 사람은 또 이런 질문을 한다.

"유튜브 그거 얼마나 갈 것 같아요? 불안하지 않아요?"

그러면 나는 "글쎄요. 미래의 제가 알아서 하겠죠"라고 간단히 대답한다. 참 웃기는 일이다. 내세울 게 없을 때는 물론 나름의 성취를 이룬 후에도 계속해서 증명을 요구받으니 말이다. 지금 하는 일이 무슨 도움이 되냐는 질문, 왜 하냐는 질문, 불안하지 않냐는 질문은 우리를 잠시 흔들 수 있지만 여기에 우리가 해야 할 답은 정해져 있다.

"제가 얼마를 벌든 어떤 일을 하든 저는 앞으로도 계속 제 마음이 시키는 대로 살아갈 뿐 별다른 이유는 없을 겁니다. 우린 누구에게도 증명할 의무가 없습니다. 있다면 저 스스로에게 증명하면 그걸로 충분합니다."

좋은
대화를
이끄는 법

프리랜서로 일한 지 벌써 4년이 흘렀다. 함께 일하는 팀원들이 있긴 하지만 모두 프리랜서로 구성되어 있어 우리가 모이는 날은 일주일에 단 하루다. 그러다 보니 거의 대부분의 시간을 혼자 일한다. 그 덕에 인간관계에서 많이 자유로워지기도 했지만 그만큼 외로운 날도 많다. 이제는 함께 회사 불평을 할 직장 동료도, 월급날을 기다리며 약속을 잡는 친구도 없다. 게다가 지난 4년간 일을 위해 앞만 보고 달려왔더니 과거의 인연들과도 꽤나 멀어져 있다는 생각이 들었다.

그래서인지 오랜 친구들과 만나봐도 대화를 할 때면 서로의 상황이 많이 달라져 공감하지 못하는 일이 많았다. 유튜브로 애매하게 유명해진 내게 응원을 보내는 친구도 있었지만, "너는 주변에 다 잘나가는 사람들만 있으니까 현실을 잘 모른다"며 핀잔을 주는 친구도 있었다. 또 일이 많아져 예전처럼 자주 보지 못해 서운해하는 친구도 생겼다. 어찌 보면 친구의 핀잔이 아주 틀린 말은 아니었다. 일과 인생을 대하는 관점이 회사를 다니는 친구와는 분명 달라졌고, 직업적으로 공감대 형성이 잘되는 크리에이터 친구들을 더 자주 만나게 되었기 때문이다.

나는 의문이 생겼다. 꼭 같은 일을 해야만 좋은 대화를 나누고 친구가 될 수 있는 걸까? 서로 공감할 수 있는 일이 적어도 좋은 관계가 될 수는 없는 걸까? 이런 의문은 콘텐츠 아이디어가 되어 '류딘스'라는 이름의 시리즈로 탄생했다.

90년생 프리랜서 앤드류, 99년생 스타트업 사업가 딘, 96년생 회사 소속 아나운서인 직장인 유스까지. '류딘스'는 직업도 나이도 다른 남자 셋이 모여 다양한 주제로 대화를 나누는 콘텐츠다. 서로의 입장과 상황이 모두 다르지만 우리 셋은 서로를 존중하며 깊은 대화를 이어나갔고, 이를 본 사람들의 반응은 뜨거웠다. 한 주제를 두고 입장과 상황이 다른 세 사람이 각자의 의견을 나누는 모습이 좋게 보였나 보다. 댓글에서도 우리에게 좋은 영향을 받았다는 글이 많이 보였다. 나는 이 콘텐츠를 만들면서 '좋은 관계는 좋은 대화로부터 시작된다'는 것을 배웠다.

콘텐츠 작업을 계기로 우리는 사적으로도 자주 연락하고 만나는 좋은 친구가 되었다. 사회에서 만난 사람과 친구가 될 수 없다는 말은 우리에게는 통하지 않은 거다. 그렇다면 이런 돈독하고 특별한 관계는 어떻게 만들 수 있을까?

답은 단연 '대화의 태도'다.

사업가인 딘은 굉장히 냉철하고 상황 판단이 빠르며 책임감이 강하다. 직장인 유스는 우리 중 가장 계획적이고 분석적이며 넓은 포용력을 지녔다. 프리랜서인 나는 가장 자유분방하고 개인적이며 즉흥적이다. 각자의 성향이 이렇게 확연하게 다르고 개성도 강하다 보니 같은 주제를 두고도 관점과 의견이 달라 팽팽하게 토론을 할 때도 많다. 하지만 우리는 절대 상대방의 의견을 부정하거나 무시하지 않는다.

의견이 다르더라도 서로의 주장을 경청하고 존중하며 자신의 의견을 제시한다. 내가 하는 말이 맞다고 우기거나 우월감을 내세우지 않고 상대를 깎아내리지도 않는다. 그렇다고 또 절대 어설픈 공감도 하지 않는다. 솔직한 감정을 공유하며 "너는 그렇게 생각하는구나. 나는 이렇게 생각해"라고 말할 뿐이다.

그래서인지 처음에는 모두 다른 주장을 펼치다가도 대화가 끝날 즘에는 결국 하나의 메시지로 귀결되는 경우가 많았다. 무척 신기한 경험이었다. 그건 우리가 서로의 의견을 존중하고 포용한 결과물일 것이다.

그런 우리에게도 닮은 점이 하나 있다. 그동안 우리는 카메라가 꺼진 뒤에도 꽤 오래 대화를 나누었다. 살아온 이야기며, 힘들었던 시간과 그 시간을 어떻게 이겨냈는지에 대한 이야기를 하면서 환경과 쌓아온 경험과 실력도 다른 우리가 삶을 바라보는 중요한 관점에 있어 하나의 공통점이 있다는 것을 알 수 있었다. 바로 긍정적인 태도다. 그 덕분에 우리는 서로의 아픔을 깊이 공감하고 위로하며 함께 성장하는 친구가 될 수 있었다.

좋은 관계를 만들고 싶다면 함께 성장할 수 있는 대화에 집중해야 한다. 같은 드라마를 보는 사람과 대화가 잘 통하듯 인생을 한 편의 성장 드라마로 만드는 사람끼리는 나이, 직업, 성별에 상관없이 잘 통하는 법이니까 말이다.

좋은 관계는
언제나

좋은
대화에서

시작된다.

당신은
어떤 태도로

대화에
임하고 있는가?

2부

내편의 결핍을
무기로 만들 수 있다면

"고민, 걱정, 불안, 콤플렉스를
내 편으로 만들기"

내면의
목소리를
들을 수 있는 공간

대학교 4학년이 되어 취업을 앞둔 시점이 되자 본격적으로 진로가 걱정되기 시작했다. 미술을 좋아해 시각 디자인을 전공했지만 막상 어떤 길로 가야 할지 막막했다. 어느 분야나 그렇겠지만 시각 디자인 분야 역시 진로를 정하기에 따라 할 수 있는 일이 무궁무진하고 갈래도 다양해서 그 점이 오히려 더 고민스러웠다. 졸업한 선배도 만나고 전문가의 강연도 다녀봤지만 그들의 길이 내게 맞을지 확신이 들지 않았다. 어느 하나로 진로를 정하면 다른 것은 포기할 수밖에 없다는 생각과 내가 정말 하고 싶은 일을 가슴 뛰게 하고 싶다는 갈망에 고민은 더 깊어졌다. 고민 끝에 도서관에 가보기로 했다. 이 세상의 수많은 지식을 체계적으로 정리해놓은 그곳이라면 답을 찾을 수 있을 것만 같았다.

평소 내게는 우선 눈길이 가는 제목의 책들을 모두 뽑아 들고 그 자리에서 읽다가, 흥미가 생긴 책은 대출해 집에서 마저 읽는 습관이 있었다. 그날은 그간 쌓인 대출 목록을 훑어보는데 가장 많은 비중을 차지하는 책이 해외에서 활동하는 디자이너의 책들이라는 것을 알 수 있었다. 그제야 내가 해외 생활에 대한 동경이 있다는 것을 알게 되었다.

그즈음 어느 날이었다. 그날도 도서관에서 책을 잔뜩 빌려 나오는 길이었는데, 안내판에 새로운 공지가 붙어 있는 게 눈에 들어왔다. '미국 인턴십 장학생 선발 공고'였다. 그것을 보자마자 가슴 한편이 벅차오르면서 심장이 뛰는 게 느껴졌다. 아직도 그날의 심장 박동이 생생히 기억날 정도다.

내가 진짜 원하는 게 뭔지 알게 된 순간이었으니까. 그리고 마침내 인턴십 장학생으로 뽑혀 미국에서의 생활을 시작하게 되었다.

그런데 미국 생활은 생각처럼 순탄치만은 않았다. 경력 없는 인턴이 좋은 대우를 받을 리 만무하고, 월급에 비해 물가가 너무 높아서 버는 족족 생활비로 다 나갔다. 그런데 같은 시기에 졸업해 한국에서 자리 잡은 동기들은 빠르게 직급이 올라가고 차도 사고 집도 넓히는 것을 보면서 나만 뒤처지는 것 같다는 생각이 들기도 했다. 혹시 나에게 기회조차 없는 이곳에서 시간을 낭비하고 있는 건 아닌가 싶은 날도 있었다. 하지만 내가 선택한 길이고, 그 공고를 처음 봤을 때 나를 가슴 뛰게 했던 그 설렘을 믿으며 어려운 시간을 버틸 수 있었다. 돌아보면 즐거운 만큼 힘들기도 했던 그 시절의 이야기는 나의 첫 책 『럭키 드로우』가 되어 세상에 나왔고, 고민이 많던 그 시절 내가 찾던 도서관에 지금 세 권이나 꽂혀 있다.

나는 아직도 고민이 있을 때면 서점이나 도서관을 찾는다. 그리고 예전처럼 이 책, 저 책 손이 가는 대로 펼쳐본다. 그럼 신기하게도 어떤 실마리를 얻곤 한다. 주변 사람에게 조언을 구하는 것도 좋지만 책에서 길을 찾다 보면 비교적 편견 없이 해결책을 찾을 수 있어서 지금은 후자를 더 선호하게 되었다. 만약 책과 친하지 않다면 읽기에 대한 부담을 내려놓고, 그저 보기만 해도 좋다. 슬쩍 보기만 해도 어떤 주제와 제목이 자신을 설레게 하는지 바로 알아챌 수 있기 때문이다.

책을 선호하는 데에는 또 다른 이유도 있다. 요즘은 유튜브나 소셜 미디어를 통해서도 다양한 정보를 쉽게 찾아볼 수 있다. 하지만 알고리즘은 우리를 늘 향해 있던 방향으로 이끌기 때문에 다른 곳으로 생각을 확장시키기 어려울 수 있다. 또 창작자의 시선이 다분하게 담겨 있기 때문에 과장되거나 왜곡된 정보에 노출되기도 쉽다. 반면 도서관은 세상의 수많은 지식과 생각이 모여 있는데다가 오롯이 나에게 집중할 수 있는 공간이기도 하다. 마음이 이끄는 대로 책을 집어 들고 펼쳐서 읽다 보면 단언컨대, 지금 당신의 고민거리 중 대다수는 그곳에서 답을 찾을 수 있을 것이다.

세상 사람들은 대개 비슷한 고민들을 하며 살아간다. 지금 당신이 하고 있는 고민 역시 누군가가 지나온 길일 수 있다. 그러니 부디 도서관이나 서점에서 내면의 목소리를 들어보기를 바란다. 그리고 그 안에서 당신을 설레게 하는 무언가를 찾아보면 좋겠다.

선택이 어려울 때는 개척자의 지혜를 구하자

02

자기 확신이 부족한 사람에게 선택은 무서운 일이다. 어떤 결과가 나올지 모르고, 그 결과가 자신이 원하는 방향이 아닐까 봐 지레 겁을 먹게 되기 때문이다.

전 세계적으로 큰 인기를 끈 《오징어 게임》에는 등장인물들이 목숨을 걸고 유리로 만들어진 다리를 건너는 장면이 나온다. 강화 유리와 일반 유리가 무작위로 섞인 한 쌍의 다리를 앞에 두고 참가자들은 오른쪽과 왼쪽 중 어느 쪽으로 뛸지를 선택해 앞으로 나아간다. 이때 깨지지 않는 강화 유리를 계속 밟아나가야만 살 수 있다. 먼저 게임에 도전한 참가자들은 몇 번은 운 좋게 강화 유리를 밟고 앞으로 나아가지만 결국에는 일반 유리를 선택해 낭떠러지로 떨어져 죽고 만다. 반면 상대적으로 뒤 순서였던 사람들은 앞사람들이 찾은 강화 유리를 밟아가며 안전하게 다리를 건너 살아남는다. 잘못된 선택 한 번으로 떨어져 죽을 수도 있는 상황에서 앞사람이 먼저 지나간 안전한 길은 절체절명의 순간에 목숨을 구하는 선택이 된다.

이처럼 앞서간 개척자들이 시행착오를 통해 찾아낸 길을 따라가는 것은 확신이 없는 상황에서 매우 현명한 방법이다. 특히 아직 경험이 부족할 때는 자신보다 '조금 앞선 사람'에게 배우는 것이 효과적이다. 그런데 안타깝게도 꽤 많은 사람들이 자신보다 한참 앞선 사람은 동경하면서도 조금 앞선 이들에게는 시기와 질투를 보인다. 마치 고전 서적은 위대하나 최근에 나온 자기계발서는 별 볼 일 없다고 무시하는 태도처럼 말이다.

운동을 처음 시작하는 사람이 국가대표 선수촌에 들어가 프로 선수들 사이에서 훈련을 받는다고 가정해보자. 아마 한 시간도 채 버티지 못하고 탈진할 거다. 반면에 자신보다 운동 경력이 있는 친한 친구에게 배운다면 훨씬 효과적일 수 있다. 당신의 운동 능력을 누구보다 잘 알고 있어 당장 필요한 것이 무엇인지 알고 있기 때문이다. 가장 좋은 스승은 실력이 월등한 이가 아니라 배우고자 하는 이의 수준을 가장 잘 아는 사람일 것이다. 그런데 만약 친구의 능력을 질투하고 우습게 여긴다면, 친구의 도움을 받아 함께 성장할 기회를 얻지 못하게 된다. 이처럼 경험해보지도 않고 선입견을 갖거나 무턱대고 무시, 질투하는 태도는 자신에게 아무런 도움이 되지 않는다.

또한 남을 쉽게 판단하고 비판하는 행동에도 주의가 필요하다. 섣부르게 타인을 판단하거나 그들의 행동을 쉽게 지적하고 비판할 경우 결국 나도 그 문제에서 자유로워질 수 없기 때문이다. 이 세상에 실수하지 않는 사람은 없다. 언젠가 친구의 실수에 핀잔을 준 적이 있는데, 어느 날 그 행동을 내가 하고 있어 깜짝 놀란 적이 있다. 그리고는 이내 창피함과 자책이 몰려왔다. 이처럼 누군가의 결점을 지적하는 순간, 그 판단의 화살은 자신에게 돌아오기도 한다. 다른 사람을 지적하고 비판하는 일이 많아질수록 나 자신도 그러한 실수를 해서는 안 되는 사람이 되고 마는 것이다. 매사를 비판적으로 보는 사고 방식은 결국 자신의 발목을 잡아 아무것도 시작하지 못하게 만들 뿐이다.

그러니 나보다 조금 앞서 나간 이들을 쉽게 판단하고 시기, 질투하기보다는 그들의 경험 안에서 내가 이용할 수 있는 것은 무엇인지를 찾아보자. 그리고 어떻게 따라갈 것인가도 고려해봐야 한다. 아무리 좋은 음식을 먹어도 그것을 소화하지 못하는 상태라면 그 음식의 영양분을 제대로 흡수하지 못하기 때문이다. 누군가의 뒤를 따라갈 때도, 책을 읽을 때도 그 안에서 좋은 것들을 내 삶에 흡수하려는 열린 마음가짐이 필요하다. 그리고 근력을 키우기 위해 매일 운동을 하듯, 흡수한 내용을 내 것으로 만들기 위한 크고 작은 '실천'도 필수다.

자기 확신이 없어 선택이 어려울 때는
마음을 열고 앞서가는 사람을 따라가보자.
그들의 발자취에서 개척자의 지혜를 얻게 될 것이다.

개척자들이 보여준
시행착오는

나를 더 멋진 곳으로
이끄는
훌륭한 선생이 된다.

사소하고
하찮은
한 입의 힘

자기계발 크리에이터로 활동하기 시작한 뒤로 대학교나 교육 기관에서 강연 요청을 많이 받는다. 주로 진로 탐구나 취업에 관한 강연이다. 20대 친구들을 대상으로 강의를 하고 질의응답 시간을 가질 때면 진로에 관련된 질문이 주를 이룬다. 지금 하고 있는 일이 나에게 맞는 일인지, 다른 일을 해보고 싶은데 뭘 해야 할지 모르겠다는 질문들이 계속해서 이어진다. 그런데 재미있는 점은 이런 진로 고민을 20대 친구들만 하는 게 아니라 강연을 찾아준 30대 분들은 물론 40대, 50대 분들도 같은 고민을 털어놓는다는 것이다.

진로는 한 번 찾으면 끝이 아니라 끊임없이 찾아야 하는 것이기 때문이 아닐까? 상황이나 환경에 따라 바뀌기도 하고, 시간이 지나면서 좋아하는 게 바뀌기도 하니 어쩌면 당연한 일일지도 모른다.

나는 10대에 진로를 정해 미대 입시를 준비했다. 그런 나를 보고 친구가 이런 이야기를 했다.

"너는 일찍 진로를 찾아서 좋겠다. 나는 점수 맞춰서 전공을 골랐어."

시간이 지나 나는 시각 디자인과를 전공한 뒤 결국 디자이너가 되었다. 오랜만에 만난 친구는 내게 다시 이런 말을 했다.

"너는 전공을 살려 일하니 좋겠다. 나는 스펙에 맞춰서 취업했어⋯."

그때까지만 해도 나는 내가 평생 디자이너로 일하며 살 줄 알았다. 그런데 어쩌다 보니 콘텐츠 크리에이터가 되었고, 이런 나를 보고 그 친구는 또다시 말했다.

"너는 좋아하는 일로 돈을 벌어서 좋겠다. 나는 연봉 맞춰서 이직했는데."

그날 나는 친구에게 이런 말을 해주었다.

"이제라도 네가 하고 싶은 일을 하면 되지 않을까? 너도 그림 그리는 거 좋아했잖아."

친구는 이제 더 이상 그림 그리는 일이 즐겁지 않다고 했다. 그러면서 이런 말을 덧붙였다.

"내가 좋아하는 건 다 사소하고 하찮은 일인걸…."

나는 그 사소하고 하찮은 일로 여기까지 올 수 있었다. 그림 그리는 일이 좋아서 디자이너가 되었고, 좋아해서 취미로 배웠던 캘리그래피로 부업을 했고, 회사에서 부품처럼 느껴질 때마다 내 이야기를 할 수 있는 공간을 만들었다. 그리고 지금은 내가 느끼고 생각한 것들을 나누는 콘텐츠 크리에이터로 살아가고 있지만, 이 일 역시 평생 할 거라고는 생각하지 않는다. 나중에 나이가 들어 나를 설레게 하는 다른 일이 생기면 언제든지 일의 형태는 바뀔 수 있다고 생각한다.

그래서 나는 지금도 사소하고 하찮은 일을 해본다. 아니, 그건 사소하거나 하찮은 일이 아니다. 그저 우리가 그렇다고 생각할 뿐이다. 처음 할 때는 다 서투르고 어색하다. 당연히 처음에는 멋진 결과물이 나오지도 않는다. 그것을 기대하면 아무것도 시작할 수가 없다. 또 시도하지 않는 자신을 정당화하기 위해 애초에 그것은 사소하고 하찮은 것이었다는 변명을 스스로에게 늘어놓고 있는 것일 수도 있다. 그걸 해보는 것과 해보지 않는 것은 하늘과 땅 차이인데 말이다.

내게는 '아이스크림 이론'이라고 부르는 이론이 있다. 세상에는 정말 다양한 맛의 아이스크림이 있다. 배스킨라빈스에만 가도 무엇을 먹을지 한참 고민하게 되지 않나. 이럴 때 필요한 게 바로 '맛보기 스푼'이다. 먹어보고 싶은 맛을 골라 맛보기를 요청하면 직원이 작은 한 스푼을 떠준다. 이 '한 입만 찬스'로 내가 어떤 맛을 좋아하는지, 어떤 맛을 먹고 싶은지 골라볼 수 있다. 더욱 기쁜 건 세상에는 수많은 아이스크림이 존재한다는 사실이다. 그러니 내가 선택한 것이 원하던 맛이 아니더라도 걱정할 필요가 없다. 다른 맛을 찾아 떠나고, 새롭게 맛보면 그만이다. 내가 좋아하는 맛인지 아닌지는 먹어봐야만 알 수 있다.

유튜브와 소셜 미디어를 보면 어린 나이에 커다란 성취를 이룬 친구들을 많이 볼 수 있다. 이미 자신이 걷는 길에 확신이 가득해 보이는 이 친구들도 막상 만나보면 진로에 대한 고민을 하고 있는 경우가 많았다. 앞으로 무얼 해야 할지, 무얼 할 수 있을지 모르겠다는 걱정을 털어놓는 친구도 있고, 빠르게 성장하고 성공하는 데 너무 몰두한 나머지 20대를 즐기지 못한 게 후회된다는 친구도 있다. 후회를 남기지 않으려면 사소하고 하찮은 일, 당장의 경제 활동과 무관한 일을 의도적으로 많이 해보는 게 도움이 된다. 다음 스텝은 분명 당신이 하는 그 시도에 있을 가능성이 높다. 그러니 해보지 않은 일을, 새로운 맛을 찾아 도전해보자.

"한 입만!" 하고.

20대에 나는 돈을 전혀 모으지 못했다. 하지만 나의 20대는 '나'라는 사람을 더 잘 알 수 있었던 시간이었다. 다양한 아르바이트도 해봤고, 여러 나라에서 수많은 친구들과 시간을 보내며 이런저런 취미를 배우기도 했다. 그러면서 '나'라는 사람에 대해 더 잘 알게 되었다. '나'를 잘 안다는 것은 지금까지도 내가 가진 가장 큰 자산이다. 생각보다 많은 사람들이 자기 자신에 대해 잘 모르고 살아간다. 자신을 잘 모르고는 진로를 알 수 있는 길은 없다. 그러니 작게 많이 시도해보고 그 안에서 새로운 길을 찾아보자. 그 과정에서 새로운 진로를 발견할 수 있을 것이다.

인생은 길고
아직 먹어보지 못한
맛들이 많다.

많이 먹어봐야
내게 맞는 맛을 찾을 수 있다.

주인공은 모두 콤플렉스를 가지고 있다

세상에 콤플렉스 없이 사는 사람이 있을까? 미대에서 공부하던 시절, 내게는 한 가지 콤플렉스가 있었다. 다른 친구들에 비해 내가 너무 평범하다는 거였다. 자기만의 패션 스타일이나 음악 취향이 확실한 개성 넘치는 친구들 사이에서, 나는 지극히 평범했다.

그랬던 내가 미국에서는 정반대의 콤플렉스를 갖게 되었다. 한국에서 온 지 얼마 안 된 내가 미국인들 사이에 있으니 너무 튀어 보인다는 생각이 들었다. 하루는 친구를 따라간 하우스 파티에서 누군가 나에게 물었다. "이 옷은 어디서 산 거야?" 한국에서 사온 옷이 현지 스타일과 달랐던 탓일까, 내가 특이해 보였나 보다.

미국에서 쓰는 은어 중에 'FOB'라는 말이 있다. 이는 'Fresh Off the Boat', 즉 '배에서 막 내린 사람'이란 뜻으로 이제 막 이민 온 티가 나는 사람을 놀리는 말이다. 그 뒤로 FOB 티를 벗기 위해 LA 사람들처럼 옷을 입기 시작했다. 그런데 어느 날, 전에 만났던 그 친구가 나를 보더니 이렇게 말해 나를 또 한번 놀라게 했다.

"나는 너 한국에서 막 온 듯한 모습이 특별해 보이고 눈에 띄었는데!"

그 친구의 말에 정말 뜨끔했다. 나도 모르게 주변에 나를 맞추려고 했다는 사실을 깨달았기 때문이다. 이건 단지 옷만의 문제가 아니었다. 머리 스타일부터 피부색, 영어를 할 때 나오는 한국인 특유의 억양 등 한국 사람이기 때문에 당연했던 것들을 나는 계속 바꾸려고만 했다. 한국에서는 평범한 게 콤플렉스였던 내가 미국에서는 도리어 평범해지려고 했던 거다. 그때부터 나는 있는 그대로의 나를 받아들이기로 했다.

나다워질수록 특별해진다는 걸, 그때 알았다.
평범하다고 생각했던 모습조차 개성일 수 있다는 것도.

하루는 직장 동료와 이야기를 하다가 영어에 대한 고민을 털어놓았다. 회사에서 나 혼자 외국인이고, 여전히 영어에 자신이 없다고 이야기하자 그 친구는 깜짝 놀라며 이렇게 말했다. "너랑 일하면서 네 영어가 부족하다고 느껴본 적 없어. 넌 충분히 잘하고 있고, 무엇보다 디자인을 트렌디하게 잘하잖아. 난 오히려 너의 감각이 부러운걸. 내 영어랑 바꿀래?" 나를 위로하려고 한 말일 수도 있지만 그 말은 나의 장점을 일깨워준 조언으로 오래 기억에 남았다.

누구에게나 자기만의 콤플렉스가 있다. 그런데 스스로 콤플렉스로 여기는 면을 다른 사람들은 인식조차 못 할 때가 많다. 자기한테만 크게 보일 뿐이다. 그러니 콤플렉스에 매몰될 필요가 전혀 없다. 콤플렉스를 극복한다면 더 성장한 사람이 될 테고, 받아들인다면 자존감 높은 사람이 될 테니 그것도 좋은 일이다.

"콤플렉스를 가지고 있다고요? 시야를 넓히세요.
시야를 확장해보면 다양한 사람이 있고, 내가 성취할 수 있는
다양한 결과물들이 있습니다. 그러니 지금 주변에 나보다
조금 잘난 사람들 때문에 열등감을 가질 필요가 없습니다.
그 시간에 그들에겐 없지만 나만 가지고 있는 것은 무엇인가,
그걸 찾아 갈고닦으세요. 아주 뾰족해지게.

남들은 쉽게 뺏어가지 못할, 남들이 부러워할

당신만의 중요한 도구가 될 겁니다."

—유튜브 <드로우앤드류> 중에서

뚜렷한 취향이 없다고 생각했던 나도 떠올려보니 좋아하는 것이 있었다. 어릴 적부터 즐겨 보던 히어로 영화다. 그중에서도 《스파이더맨》은 내가 가장 좋아하는 시리즈다. 아이언맨이나 배트맨처럼 똑똑하고 어른스러운 히어로들과 달리 가난하고 어설픈 학생인 피터 파커에게 더욱 공감했던 것 같다. 그런 그가 슈퍼파워를 갖게 되고 강한 힘에는 큰 책임이 따른다는 교훈이 얻는 과정이 특히 감동적이었다. 작은 체구에 슬픈 가정사, 히어로의 무게를 감당하기에는 어린 나이 등 이 모든 것을 다 콤플렉스로 치자면 약자여야 할 인물이 "당신은 당신이 생각하는 것보다 훨씬 더 강합니다. 날 믿어요"라고 말할 때 내 안의 결핍에도 빛이 비추는 듯했다.

나도 콤플렉스가 참 많은 사람이다. 외모부터 학벌, 집안, 직업 등 크고 작은 콤플렉스가 셀 수 없을 정도다. 하지만 그 콤플렉스들이 모여 지금의 나를 만들어주었기에 새삼 고맙기도 하다. 외로움은 독립심을 키워주었고, 넉넉하지 않았던 집안 환경은 스스로 돈을 벌 수 있는 방법을 찾아다니게 하는 발판이 되었으니 콤플렉스가 나를 성장시켰다고 해도 과언이 아니다. 만약 콤플렉스가 당신을 괴롭히고 있다면 이처럼 생각의 전환을 시도해보길 바란다. 나처럼 콤플렉스 '때문에' 힘들어하는 것 대신 '덕분에' 성장하고 강해질 수 있는 힌트를 얻게될 것이다.

혹시 콤플렉스 때문에
고민하고 있나요?
극복할지 말지는
여러분의 몫이지만,

그 콤플렉스가
여러분에게

어떤 슈퍼파워를
가져다줄지 생각해보세요.
기대되지 않나요?

빌런과
히어로

같은 나이대의 게스트와 함께 유튜브 촬영을 하다 보면 사적으로 친해지는 경우가 종종 있다. 촬영 때는 하지 못했던 그들의 개인적인 이야기를 자세히 듣게 되기도 한다. 밝고 긍정적으로 보이는 그들도 알고 보면 다들 상처투성이였음을 알고 놀란 적이 한두 번이 아니다. 어린 시절 부모님에게 학대를 당한 친구도 있었고, 부모님의 빚을 그대로 떠안게 된 친구도 있었다. 또 학교나 직장에서 따돌림을 당하거나 부당한 이유로 해고당한 경험이 있는 사람, 믿었던 친구에게 사기를 당해 하루아침에 전 재산을 몽땅 잃은 이도 있었다.

하루는 한 친구와 서로의 지난 삶에 관한 이야기를 나누다가 툭 이런 말이 나왔다.

"우리는 빌런이 되어도 이상하지 않은 상황에서 히어로가
된 것 같아. 참 감사한 일이지?"

우리의 사연이 빌런이 되고도 남을 시련이었지만, 힘든 시
기를 이겨내고 자신이 할 수 있는 일들로 세상에 조금이라도
선한 영향을 끼치고 있으니 이만하면 히어로가 아니냐며 우리
끼리 한 말이다.

반면 같은 경험을 했지만 빌런이 되는 이도 있다. 다른 사
람에게 피해를 끼치는 것만이 아니라 남을 비방하고 모함하며
스스로를 삶의 구렁텅이에 몰아넣는 것도 빌런이 하는 행동이
다. 그렇다면 똑같은 시련을 겪고도 빌런이 되는 사람과 히어
로가 되는 사람의 차이는 무엇일까?

적어도 내가 아는 많은 히어로들은 남 탓을 하기보다 자기
스스로를 책임지는 선택을 했다. 사기를 당해 빚을 졌지만 책
임지고 갚으려 했고, 따돌림을 당하더라도 스스로를 계속 무시
받는 사람으로 두지 않았다. 쉽지 않은 상황 속에서도 그들은
결국 현실을 바꿔냈다.

나 역시 빌런이 될 뻔한 적이 있다. 큰 사기나 따돌림을 당한 것은 아니지만 세상이 원망스러워 모든 것을 부정적으로 보던 시절이 있었다. 당시 만나던 여자 친구에게 환승 이별을 당했고, 기분 전환을 위해 떠난 여행에서 교통사고를 당해 폐차까지 하는 일을 겪었다. 출근을 위해 급히 산 중고차도 한 달만에 고장이 나서 모아둔 돈을 다 쓰고 빈털터리가 되었는데, 엎친 데 덮친 격으로 하루아침에 해고까지 당했다. 이 모든 일이 반년이 채 안 되는 시간 동안 나에게 연달아 일어난 것이다.

정신을 다잡기 힘들 정도의 상태였지만, 당장 먹고 살기 위해 고깃집에서 아르바이트를 할 수밖에 없었다. 스물일곱 살에 갑자기 빈털터리의 고깃집 알바생이 되었다는 생각에 세상이 너무나 원망스러웠다. 매일 일이 끝나면 와인 숍에 들러 가장 싼 맥주 여섯 캔 세트를 사서 집으로 돌아왔다. 술이라도 마셔야 겨우 잠을 잘 수 있었기 때문이다. 사람도 만나기 싫고, 나중에는 빛을 보는 것조차 싫어서 창문을 다 닫고 장롱에 들어가 있기도 했다.

그러다 어느 날 문득 거울을 봤는데, 내 모습이 너무 별로였다. 눈은 풀려 있고 퉁퉁 부은 얼굴에는 아무런 표정이 없었다. 이렇게 나 자신을 방치한다는 게 내게 미안하게 느껴졌다. 그래서 나는 나를 일으키기로 했다. 과거를 되돌릴 수는 없으니 이 상황을 바라보는 내 관점을 바꾸기로 마음먹었다. 나에게 일어난 불행을 곱씹으며 원망하기보다 그 안에서 내가 잘못한 일은 없는지, 이런 상황을 되풀이하지 않기 위해 내가 무엇을 할 수 있을지 돌아보기로 했다.

'그 일이 벌어진 데에 내 잘못은 없었을까?'
'앞으로 이런 일이 생기지 않으려면 어떻게 해야 할까?'

되짚어보니 내게도 고치고 바로잡아야 할 부분들이 참 많았다. 그러자 변화는 서서히 시작되었고, 차츰 많은 것들에 변화가 일어났다.

먼저 안 좋은 기억으로 가득했던 집에서 이사를 나왔고, 나에게 긍정적인 영향을 주는 사람들과 더 많이 교류하려고 노력했다. 돈에 집착하지 않기로 결심했고, 음식을 사 먹기보다는 좋은 재료로 직접 해 먹기 시작했다. 운전을 다시 시작하며 예전보다 훨씬 안전하게 차를 몰았고, 그간의 작업물들을 모아 포트폴리오를 새로 만들고 면접을 보러 다니기 시작했다. 다시 취직한 뒤에도 회사에 의존하기보다 독립심을 키우고자 열심히 퍼스널 브랜딩을 했다.

마음과 행동을 바꾸자 내 얼굴빛은 다시 좋아졌고, 밝고 긍정적인 '나'를 되찾을 수 있었다. 마음을 바꾸면 생각이 바뀌고, 그 결과는 행동으로 드러난다.

우리는 모두 각자 인생의 주인공이다.
그 안에서 빌런이 될지, 히어로가 될지는
결국 스스로가 책임지고 선택하는 것이다.

불행한 일에도
초연하게
대처하는 자세

06

왜 불행한 일은 한꺼번에 찾아오는 걸까.

    몇 년 전 여름, 출근하는 길에 골목에서 갑자기 튀어나오는 차를 피하려다 나무를 들이받았다. 보험 회사에 전화하려고 보니 하필 신용 카드 문제로 요금 결제가 되지 않아 휴대폰이 먹통이었다. 하는 수 없이 차를 버려두고 땀을 뻘뻘 흘리며 집까지 걸어와 노트북을 켰는데, 이번에는 정전으로 인해 인터넷 접속조차 할 수 없는 상황이 되어버린 게 아닌가. 다시 밖으로 나와 집 근처 상가에 가서야 겨우 보험 회사에 연락할 수 있었고, 뜨거운 여름날 뙤약볕 아래에서 세 시간을 기다린 후에야 픽업트럭이 도착해 차를 수거해 갔다. 그렇게 차가 수

리되는 동안 걸어 다녀야 했던 나는, 설상가상으로 며칠 뒤에 집 앞에서 강도까지 당했다. 참 운이 없는 날들이었다.

강도 사건을 겪은 이후 나는 곧바로 다른 동네로 이사를 갔다. 그리고 마음을 다잡고 새로운 집에 적응해갈 때쯤, 사촌 누나가 미국으로 놀러 왔다. 기분 전환도 할 겸 누나와 함께 라스베이거스에서 열리는 캘빈 해리스의 디제잉 풀 파티에 가기로 했다. 행사 당일, 새벽에 출발해 꼬박 다섯 시간을 운전한 끝에 호텔에 도착한 우리는 그제서야 집에 여권을 두고 왔다는 사실을 깨달았다. 결국 입장을 거절당했고, 몇 번의 실랑이 끝에 우리는 숙소로 돌아갈 수밖에 없었다. 행사장에서 바로 건너편이 호텔이라 그대로 유턴만 하면 되었는데, 당시 장시간 운전으로 지쳐 있던 나는 그만 사거리에서 신호를 제대로 보지 못해 또다시 차 사고를 내고 말았다. 차는 운전이 불가능할 정도로 완전히 망가져 수리보다 폐차를 하는 게 낫겠다 싶었지만, 핑크 슬립(자동차 등록증)이 LA 집에 있어서 이러지도 저러지도 못 하는 상황이 되었다. 급히 집 근처에 살고 있는 친구에게 도움을 청했고, 호텔로 돌아온 나는 방에 들어서자마자 그만 눈물이 터졌다.

"왜 자꾸 이렇게 나쁜 일들만 생기는 거야?"

사촌 누나와의 여행을 망쳤고, 친구를 고생시켰으며, 이전의 차 사고로 이미 높아진 보험료가 또 오를 거라는 생각에 나는 절망스러웠다. 이 모든 일을 만든 게 다 내 탓이라는 자괴감에 스스로가 그렇게 원망스러울 수가 없었다.

굳이 라스베이거스에 가자고 하지 않았다면,
여권을 잊지 않고 챙겼다면,
차 사고를 내지 않았다면,
자동차 등록증을 차에 보관하고 다녔다면 어땠을까.

후회되는 온갖 것들이 떠올라 괴로워하던 그때, 사촌 누나는 나를 붙잡고 단호하게 말했다.

"우선 진정해. 차 사고가 났는데 우리 둘 다 하나도 안 다친 게 어디야. 후회하기엔 늦었고, 자책한다고 해서 달라지는 것도 없어. 넌 지금 할 수 있는 걸 다 했어. 보험 회사에 연락했고, 친구는 도와주러 오고 있고, 차는 내일 폐차하면 돼. 그리고 친구 차를 타고 안전하게 LA로 돌아가면 되고. 그럼 이제 여기서 남은 시간을 어떻게 보낼지 결정해. 이대로 자책하고 괴로워하다가 집에 갈래? 아니면 여기 있는 동안이라도 최대한 재밌게 놀다가 갈래?"

누나의 말에 한 대 세게 얻어 맞은 듯 정신이 번쩍 들었다.

나는 그때 차 사고로 죽을 수도 있었다. 앞으로 감당해야 할 보험료나 차 구입 비용은 나중 일이고, 자책하고 괴로워했던 모든 일은 과거의 일이었다. 자책하고 괴로워한다고 바뀌는 건 아무것도 없었다. 나는 울음을 그치고 사촌 누나와 호텔에 있는 수영장으로 내려갔다. 비록 캘빈 해리스의 파티는 아니었지만, 아직 따사로운 햇빛이 남아 있는 오후의 수영장에서 수영을 하며 신나게 그날을 즐겼다. 저녁에는 나를 구하러 달려와준 친구와 함께 고든 램지가 운영하는 햄버거 가게에서 저녁을 먹으며 오늘의 일로 남아 있던 자책을 모두 털어냈다. 자책을 멈추고 현재를 바라보자 상황도 마음도 기분도 한결 달라져 있었다.

차를 폐차할 정도의 사고가 났지만 전혀 다치지 않았고, 불행의 순간에 혼자가 아니라 멘털이 강한 사촌 누나와 함께였다. 또 내게는 나를 도와주러 그 먼 거리를 한걸음에 달려와준 고마운 친구가 있고, 돌아갈 집도 있었다. 이것저것 나갈 돈은 많겠지만, 다시 돌아가 일할 직장이 있다는 사실도 떠올랐다.

그 후로 나는 멘털이 무너지는 일이 생기면 그때를 떠올리며 이렇게 마음을 가다듬는다.

'숨을 한번 크게 들이마시고, 스스로를 진정시키고, 후회하고 자책한다고 달라지는 건 없다는 사실을 기억한다. 그리고 지금 할 수 있는 일을 한다. 마지막으로 모든 조치를 취했다면, 가능한 현재에 집중한다.'

미국 생활은 예측하지 못한 일들의 연속이었다. 하루아침에 회사에서 해고를 당하기도 했고, 워킹 비자가 거절되어 갑자기 한국에 돌아가야 하는 상황에 놓이기도 했다. 하지만 불행한 일들에도 초연하게 대처하는 자세를 배운 나는 웬만한 일은 두렵지 않았다. 그 일을 통해 내가 또 성장할 기회를 가질 수 있다는 것을 이제는 알기 때문이다.

사고 때문에 차는 망가졌지만, 그 누구도 다치지 않아 다행이었다.

**"What doesn't kill me
makes me stronger."**

니체의 말처럼
나를 죽이지 못하는 고통은
나를 더 강하게 할 뿐이다.

복잡한 세상을
단순하게
사는 법

평소 나는 잠을 굉장히 잘 자는 편이다. 어렸을 때는 친구들과 놀러 가서 바닥에 머리만 대면 3초 안에 잠든다고 해서 별명이 '레드 선'이었다. 이렇게 늘 잘 자는 나지만 고민이 많은 날에는 밤새 이 생각 저 생각이 꼬리에 꼬리를 물어 불면증에 시달리기도 한다. 그럴 때 사용하는 특효약이 하나 있다.

우선 침대를 박차고 일어나 책상에 앉는다. 그리고 공책을 펼쳐 지금 나의 고민을 글로 적는다. 나는 이걸 '3P 글쓰기'라고 부른다. 문제^{Problem}, 긍정적인 사실들$^{Positive\ Facts}$, 계획^{Plan}을 순서대로 적어보는 것이다.

먼저 내가 가진 고민을 '문제'로 정의해본다. 우리는 부정적인 생각이나 고민에 빠지면 그 고민을 확대 해석해서 좋지 않은 결론까지 도출해버리곤 한다. 하지만 고민을 문제로 받아들이는 순간 이를 좀 더 객관적으로 바라볼 수 있게 된다. 그다음으로 내가 고민하고 있는 문제 안에서 그나마 긍정적으로 볼 수 있는 사실들을 적어본다. 여기서 중요한 점은 반드시 객관적인 사실에 기반해 써야 한다는 것이다. 이 과정에서 부정적으로만 보이던 문제 안에 내가 미처 보지 못했던 긍정적인 사실들이 있었음을 알게 된다. 마지막으로 지금 할 수 있는 것과 할 수 없는 것을 구분해 앞으로 할 일을 계획한다.

다음은 악플에 시달린 날에 내가 쓴 글이다.

1P: 문제 Problem

- 내가 올린 영상의 댓글에 나의 이야기를 왜곡하고 조롱하는 사람들이 많아졌다.
- 구독자가 많아질수록 나를 싫어하는 사람들이 많아지는 것 같아 두렵고 힘들다.

2P: 긍정적인 사실들 Positive Facts

- 영상들의 평균 좋아요 비율이 95~99퍼센트에 달한다.
- 내 영상을 좋아해주는 댓글 수가 훨씬 더 많아졌다.

- 올해 채널 조회수가 작년 대비 두 배 높아졌다.

3P: 계획 Plan

- 팀원들에게 부탁해 왜곡, 욕설, 조롱 섞인 댓글은 지우기로 한다.
- 시청자들이 내 의도를 곡해하지 않을 수 있는 장치를 만든다.

  (예: '기분 나빠하지 말고 들어~'라는 말로 꼰대 말투를 위트 있게 던져보면 어떨까?)
- 계속되는 악플에 마음이 더 힘들어지면 심리 상담을 받는다.

  (상담 센터의 전화번호 및 주소, 상담 비용 등을 메모해둔다.)

물론 이런 글쓰기를 통해 모든 문제가 해결된 건 아니지만, 적어도 부정적인 생각의 늪에서 벗어나 많은 고민에 실질적인 답을 찾을 수 있었다. 마음이 편안해야 문제를 해결할 힘도 생기는 법이다. 『데일 카네기 자기관리론』에는 이런 문장이 있다.

"우리는 멀리 희미하게 보이는 것을 보려 하지 말고,
눈앞에 분명히 놓여 있는 것을 행해야 한다."

―데일 카네기, 『데일 카네기 자기관리론』(현대지성)

희미하게 보이는 미래를 걱정하기보다 지금 당장 내가 할 수 있는 일부터 해보자. 우리가 살고 있는 이 복잡한 세상에서 고민과 걱정은 끊임없이 찾아온다. 그럴 때는 문제를 단순하게 바라보자. 그 방법 중 하나가 고민과 걱정을 글로 적어 대면해 보는 거다. 글로 적은 뒤에 살펴보면, 아주 큰 것 같던 고민의 크기가 사실은 선이 복잡하게 꼬인 이어폰 정도일 수도 있다. 시간이 걸리고 짜증은 좀 나겠지만 조금씩 풀어가다 보면 결국에는 풀리기 마련이다. 그 어떤 문제에도 늘 해결책은 있다.

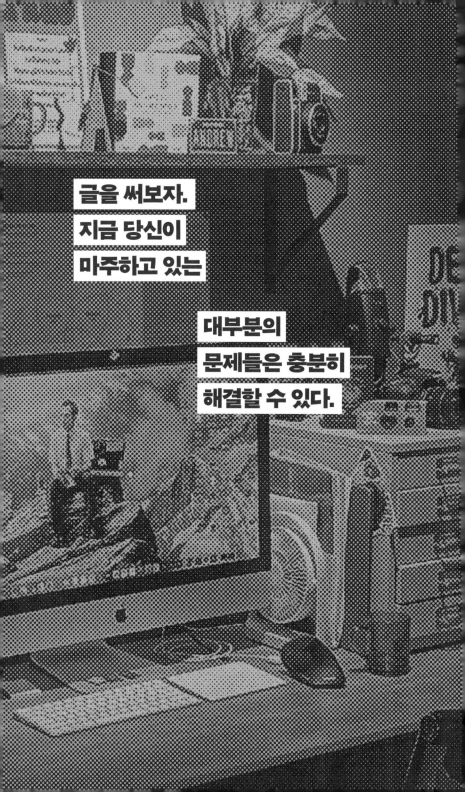

글을 써보자.
지금 당신이
마주하고 있는

대부분의
문제들은 충분히
해결할 수 있다.

인생을
연습 게임이라고
생각해봐

2년 전쯤 친구의 추천으로 심리 상담을 받았다. 상담을 처음 시작한 날, 기질 및 후천적으로 발달한 성격을 알아보는 TCI 검사를 받았다. 결과를 살펴본 상담사님의 말씀에 따르면 나는 '자극 추구형'으로 기질적으로 다른 사람에 비해 에너지가 많고 활동적이라 이것저것에 관심이 많고, 그 많은 것들을 모두 다 해봐야 하는 사람이었다. 이런 성향의 사람들은 여러 가지 시도를 많이 하기 때문에 남들보다 빨리 성공할 확률도 높다고 상담사님은 설명을 덧붙였다. 그런데 긴장과 불안을 쉽게 느끼는 편이라 근육을 이완시키듯 마음을 이완시키는 연습이 필요하다는 조언도 해주었다. 결과를 들은 나는 속으로 생각했다. "이분 참 용하시네."

나는 어릴 때 산만하다는 소리를 많이 듣고 자란 아이다. 호기심이 많아 선생님께 생뚱맞은 질문을 많이 했고, 하고 싶은 것도 많아 가만히 있지를 못했다. 그리고 불안과 긴장도가 높아 결정적으로 수능 시험을 망치고 말았다. 모의고사 성적과 실기 성적을 더하면 상위권 대학도 지원할 수 있을 거라 기대했었는데, 정작 수능에서 그간 한 번도 받아본 적 없는 최악의 점수를 받아 크게 좌절했던 기억이 있다.

당시 내 성적표를 본 미술 학원 선생님도 바로 재수를 준비하라고 했을 정도였으니 나만큼이나 주위 사람들도 놀랐던 것 같다. 재수를 할 계획이었으나 다음 해에 치를 실기 시험을 연습할 겸, 실기 시험을 한번 봐보기로 했다. 내가 시험을 보러 갔던 학교는 '발상과 표현'이라는 이름으로 당일 결정되는 주제를 가지고 수채화와 파스텔로 네 시간 동안 그림을 완성하는 시험을 치렀는데, 그해의 주제는 '컵라면'이었다. 시험이 시작되자 학생들은 빠르게 도화지에 그림을 그려나갔다. 사방에서 연필로 슥슥거리는 소리가 들리자 갑자기 또 긴장이 몰려왔다. 그래서 컵라면을 책상 가운데 올려놓고는 들어올 때 나눠 준 빵과 우유를 먹으면서 한참을 쳐다봤다. 그리고 속으로 되뇌었다.

'이건 다 연습 게임이다.'

그러자 점차 주변의 소음이 사라지고 긴장이 풀리면서 머릿속에서 아이디어가 딱 떠올랐다. 그렇게 그림을 그리기 시작했다.

결과는 합격이었다. 수능 시험은 망쳤지만 실기 점수를 잘 받아 그해에 대학에 입학할 수 있었다. 그때부터 나는 긴장되는 순간이 올 때면 지금 일어나는 모든 일을 '연습 게임'이라고 생각하기로 했다.

인생에는 굴곡이 있어 올라갈 때가 있으면 내려갈 때도 있다. 나는 뭐든지 다 해봐야 하는 성격인데도 올라갈 때면 언제 다시 내려갈까 봐 불안해하고, 내려갈 때면 계속 이대로 내려가기만 할까 봐 걱정하는 사람이다. 나 같은 사람에게 '인생은 실전이다'라는 말은 독이다. 무언가를 성취하기 위해서는 여러 번 부딪쳐야 하는데, 한번 실패하면 끝이라는 생각이 들면 시도도 어렵고, 결과가 좋지 않을 때 회복도 더디기 마련이다. 그래서 나는 인생을 연습 게임처럼 사는 태도를 하나의 모드로 가지고 있는 것이다.

그럼에도 여전히 걱정과 긴장을 불러일으키는 일들이 많다. 수백 명의 사람들 앞에서 강연을 할 때도, 방송 출연을 했을 때도, 억 단위 금액대의 프로젝트를 진행했을 때도 태연한 척했지만 불안하고 긴장됐다. 하지만 그럴 때마다 '이건 다 연습 게임이다'라고 생각하면 이 세상에 못 할 건 없다고 생각한다. 내게 주어진 일을 끝내 잘해야 하니까. 우리는 모두 인생이 처음이고 아마추어다. 그러니 우리가 시도해볼 수 있는 테이크는 아직 많다.

지나가면 과거가 되고
돌아보면 경험이 되는
인생은

나에겐 실전이 아닌
연습 게임일 뿐이다.

타이틀을
내려놓으면
보이는 것들

'명문대', '대기업', '전문가', '자산가' 등 세상에는 이와 같이 보편적으로 신뢰를 주는 타이틀이 있다. 하지만 나는 이 중에서 그 어떤 것도 갖지 못했다. 과거의 나는 그게 늘 콤플렉스였다. 미국에서 일하던 시절에는 그런 있어 보이는 타이틀 대신 '외국인', '디자이너', '사회 초년생'이라는 보잘것없는 프로필이 전부였고, 스스로 그 틀에 갇혀 있었던 것도 같다. 그 결과 나는 점차 소극적인 태도로 일하는 사람이 되어갔다. "나는 미국 문화를 잘 모르는데 이 시장에 맞는 디자인을 할 수 있을까?", "경력도 영어도 부족한 나를 불러주는 데가 있을까?" 이런 자기 의심에 빠져 점점 더 자신감을 잃어갔다. 마케팅을 해보지 않겠느냐는 사장님의 제안에도 자신이 없다고 말했던 기억이 떠오른다.

　그랬던 나에게 신기한 일이 일어났다. 내가 디자인한 플래너를 미국의 유명 편집 숍에 납품하게 된 것이다. 내가 만든 콘텐츠가 소셜 미디어로 퍼져나가 나중에는 대형 미디어에까지 노출된 것이 그 시작이었다. 나도 모르게 소셜 미디어 마케팅을 하고 있었던 것이다. 그러다가 급기야 할리우드 유명 배우가 내가 디자인한 플래너를 구매했다는 소식을 들었을 때는 내가 나를 너무 과소평가하고 있는 것은 아닌가 돌아보게 됐다. 이제 스스로를 가둔 작은 상자에 갇혀 있고 싶지 않았다.

　그 뒤로 나는 디자이너지만 마케터가 될 수 있었고, 회사원이지만 인플루언서가 될 수 있었다. 전문가도 아닌 내가 소셜 미디어를 통해 사이드 프로젝트와 브랜딩을 하는 방법을 알려주는 온라인 클래스도 만들었다. 또 책을 쓰는 작가이자 강연하는 사람이 되었다. 그 이후에도 나의 타이틀 벗어나기는 계속됐다. 자기계발 크리에이터지만 셀프 인테리어 콘텐츠를 브이로그로 올리는 채널을 만들었고, 전북 고창 소재의 농가와 함께 발사믹 식초 브랜드인 '복복'을 만들어 1억 원 펀딩을 달성하기도 했다. 나의 타이틀에서 벗어나자 내가 도전할 수 있는 세상이 더 넓어져갔다.

2023년에는 주한미국대사관의 초청으로 여덟 명의 유튜버와 함께 '다양성'을 주제로 미국의 네 개 도시를 방문하는 프로그램에 참가했다. 70대의 나이에 유튜버로 활발히 활동하는 박막례 할머니부터 자신의 삶을 진솔하게 공유하며 장애에 대한 인식을 바꾸고 있는 원샷한솔과 위라클, 성소수자의 이야기를 재미있게 담아내는 김똘똘, 드랙 아티스트로 활동하는 지반, 탈북민 출신의 북한댁사랑방, 워킹맘의 자기계발 방법을 나누는 기자 김연지, TV 프로그램 〈환승연애〉로 알려져 지금은 다양한 활동을 펼치고 있는 규민까지. 처음에는 내가 어떻게 이들과 함께 선발되었는지 궁금했을 정도로 다양하고 개성 넘치는 조합이었다.

우리는 캘리포니아의 유튜브 본사를 방문해 다양성을 존중하는 기업 철학을 배웠고, 샌디에이고로 건너가 한인 중년 여성들로 구성된 댄스 크루 '아줌마EXP'와 만났다. 시카고에서는 장애인 인권 센터를 방문해 미국의 장애 인권 운동 역사를 접할 수 있었고, 워싱턴 D. C.에서 열리는 세계 최대 크리에이터 축제 비드콘^{VidCon}에 참석해 LGBT 인플루언서들의 강연도 들었다. 그곳에서 보고 배운 것들은 하나하나 매우 인상 깊었지만, 나는 무엇보다도 함께 여행한 크리에이터들에게서 가장 많은 영감을 받았다.

자신을 소개하는 자리가 주어지면 그들은 스스로를 '시니어 유튜버', '장애인 유튜버', '게이 유튜버', '탈북민 유튜버'로 소개했다. 나이, 신체, 성 정체성, 출신지 등 민감하게 여기면 민감할 수 있는 프로필을 자신을 소개하는 멋진 타이틀로 당당하게 소개하는 그들을 보며 많은 생각이 들었다. 그들은 자신을 소개하는 타이틀이 무엇이든지 간에 그 틀에 갇히지 않고 오히려 뛰어넘는 사람들이었다.

타이틀이란 것은 때때로 우리의 혁신적 사고를 막는 방해물이 된다.

"내 나이가 벌써 30인데 난 못해….."
"남자가 무슨 그런 일을 해!"
"나는 한국에서만 자랐는걸?"

이런 핑계를 대며 새로운 도전을 망설이게 한다. 당신은 지금 어떤 타이틀로 살아가고 있나? 혹시 그 타이틀에 갇혀 있다면, 잠시 그 타이'틀'에서 벗어나 생각해보자. 틀에서 벗어나면 새로운 세상이 보이기 시작할 것이다.

나이
성별

하는 일

타이틀
타이'틀'

틀
벗어나기

부러우면
부럽다고
말하는 일

10

내게는 신기한 인연이 하나 있다. 지금으로부터 12년 전 호주에서 만나 지금까지 인연을 이어온 친구이자, 〈드로우앤드류〉 채널의 'Dear my 20's(나의 20대에게)' 시리즈를 함께 만든 세진 피디다.

4년 전, 세진은 호주에서 유학 생활을 마치고 귀국했고 나역시 미국 생활을 정리하고 한국으로 돌아온 상태였다. 호주에서 처음 만난 우리는 제법 긴 시간을 떨어져 있었지만 간간이 SNS를 통해 안부를 주고받았고, 내가 유튜브를 시작했을 때부터 세진은 줄곧 내게 응원을 보내주며 좋은 친구 사이로 지내왔다. 당시 세진은 한국에서 공기업 시험을 준비하고 있었고,

나는 전업 크리에이터로 홀로서기를 시작한 참이었다. 우리는 이따금씩 만나 서로의 고민과 걱정을 나누곤 했다.

그런데 귀국하고 1년이 지났을 때쯤, 코로나19로 인해 팬데믹 기간이 길어져 세진이 준비하던 공기업 시험들이 줄줄이 취소되기 시작했다. 그사이 나는 크리에이터로 자리를 잡았고 유튜브 채널도 빠르게 성장하고 있었다. 티를 내지는 않았지만 여러 일이 겹쳐 자리를 쉽게 잡지 못하는 세진이 내심 신경 쓰였다.

그러던 어느 날, 세진이 사무실로 나를 찾아왔다. 그러고는 내가 하는 일이 부럽고, 자신도 유튜브를 하고 싶다며 가르쳐 줄 수 없느냐고 물었다. 친구 사이에 부럽다는 말을 쉽게 할 수 없다는 걸 잘 알기 때문에 솔직하게 자신의 마음을 말해준 세진이 멋있었다. 그날로 우리는 같이 일을 해보기로 했다. 친구와 함께 일한다는 것이 처음에는 부담스러웠지만 나를 가장 잘 아는 친구가 바로 옆에 있다는 든든함이 더 컸다.

세진 덕분에 채널에도 많은 변화가 일어났다. 친구와 편하게 대화하듯 만들어낸 콘텐츠는 더 많은 공감을 불러일으켰고, 이내 세진 피디를 좋아하는 팬도 생겼다. 편집하면서 같이 만든 영상을 보며 웃기도 하고, 눈물을 흘리기도 하는 동료가 생겨서 혼자 일할 때 느껴지던 외로움도 줄었다. 우리는 별 탈 없이 함께 잘 성장하고 있는 것 같았다. 그런데 1년쯤 지났을 때부터 조금씩 문제가 생겨나기 시작했다. 전에는 일이 아니어도 일주일에 적어도 두세 번씩은 만나던 사이였는데 점차 만나는 횟수가 줄어들었고, 밖에서 만나더라도 일 외에 사적인 대화는 잘 이어지지 않았다. 더 이상 친구가 아닌 고용주와 고용인의 관계가 되어버렸다는 사실을 확연히 깨닫게 된 날, 이번에는 내가 먼저 나서기로 했다.

그동안 티는 안 냈지만 함께 일하면서 느꼈던 불편한 감정들을 솔직하게 쏟아냈다. 그러자 세진이도 자신의 속 이야기를 털어 놓았다. 그제야 우리가 멀어진 이유를 알 수 있었다. 일을 가르치는 입장이었던 나는 모든 부분에서 세진을 자꾸 가르치려 했고, 세진은 그런 내가 점점 불편해졌던 것이다. 또 세진은 일하면서 채널은 성장해도 자신은 그대로인 것만 같아 내게 열등감을 느끼기 시작했고, 그러면서 어느 순간 나를 더 피하게 되었다고 말했다. 오랜 대화 끝에 결국 우리는 이쯤에서 같이 일하는 걸 그만두기로 했다. 사실 더 정확하게는 세진 피디와의 계약을 내가 일방적으로 종료한 것에 가까웠다. 그만두고 싶지 않다는 세진에게 나는 동료 세진 피디보다 친구 박세진이 더 필요하다는 마음을 전했다.

그 결정이 있고 한 달 뒤, 우리는 전보다 더 끈끈해졌다. 함께 일할 때보다 더 자주 보는 사이가 되었다. 같이 운동을 하면서부터다. 오래전부터 꾸준히 운동을 하던 세진에게 내가 운동을 배우기 시작한 것이다.

"세진아, 지금은 내가 너보다 경제 자본은 뛰어날지 모르지만 신체 자본은 너가 더 뛰어난 것 같아. 너에게 배우고 싶어."

세진이 내게 일을 가르쳐달라고 했던 것처럼 나도 세진에게 운동하는 법을 배우고 싶다고 솔직하게 말했다. 세진은 흔쾌히 내 부탁을 들어주었다. 늘 가르치는 입장이었던 내가 이제는 세진에게 배우는 입장이 되어, 우리는 매일 오전에 헬스장에서 만나고 있다.

팀을 나온 세진은 여러 회사들과 일하며, 우리 팀과도 따로 또 같이 일하고 있다. 이제 프리랜서로 완전히 자리를 잡은 것이다. 그리고 우리 둘은 다시 좋은 친구가 되었다. 진정한 친구 한 명만 있어도 성공한 인생이라고 한다. 친구 사이에도 부러운 것은 부럽다고 말하는 것이 얼마나 좋은 결과를 만드는지 나는 친구 세진에게 배웠다.

부러우면 부럽다고 말해보자. 분명 좋은 친구가 생길 것이다.

힘든 일이
있을 때마다

"내가 있는데
뭐가 걱정이야!"
라고
말해주는

친구가
내게 있어서
참 고맙다.

3부

나를 위한
자기계발을 하다

✦

**"스스로를 움직이고
발전시키기"**

세상에
나쁜 완벽주의는
없다

해야 할 일이 있는데 도무지 몸이 일으켜지지 않는 날이었다. 뭉그적거리며 책상에 앉는 것을 미루고 미루다가 더는 안 되겠다 싶어 작업 공간으로 시선을 돌렸는데, 오늘따라 또 왜 이렇게 책상이 어두워 보이는 건지…. 읽어야 할 책 대신 스마트폰을 집어 탁상용 스탠드를 검색해보다가 필기구와 의자 리뷰까지 찾다 보니 몇 시간이 훅 지나가 버렸다. 그래도 시작이라도 해야겠다는 생각에 뒤늦게 몸을 일으켰지만, 애꿎은 책상만 조금 정리하고는 결국 할 일은 내일로 미뤘다.

우리는 완벽하게 하지 못할 바에야 아예 시작조차 하지 않는 사람을 '게으른 완벽주의자'라고 부르곤 한다. 이들은 목표가 있으나 더 좋은 선택지를 찾고 고민하는 데에 너무 많은 시간과 에너지를 쓴다. 결국 마감일까지 최대한 일을 미뤄 늘 시간에 쫓기고, 지나치게 높은 이상과 처한 현실 사이의 괴리로 쉽게 좌절하기도 한다.

나 또한 유튜브를 하겠다고 마음먹고 그것을 실행에 옮기는 데에 무려 1년이라는 시간이 걸렸다. 열심히 계획을 세우고, 플래너에 아이디어를 적어놓고는 정작 카메라를 켜기까지 한 해가 걸리고 만 것이다. 전형적인 '게으른 완벽주의자'의 모습이었다. 하지만 나는 그런 내 모습을 자책하거나 부끄러워하지 않기로 했다. 그 대신 계획만 세우고 실행력이 부족한 나를 바꿀 방법을 찾아 나섰다.

어떤 사람들은 계획을 말하다 보면 실행력이 생긴다고도 하나 나는 그렇게 생각하지 않는다. 사람은 누구나 타인에게 인정받기를 원한다. 그래서 아직 시작도 하지 않은 일을 주위에 떠벌리고 다른 사람의 인정과 관심을 갈구한다. 누군가는 자신의 계획을 이야기하는 것만으로도 동기부여가 된다고 하지만, 사실 "저는 지금 이런 사업을 준비하고 있습니다"와 같은 말뿐인 계획은 아무런 힘이 없다. 지금 자신의 초라한 모습을 감추고자 미래의 성취를 끌어다 쓰는 것에 불과하며, 오히려 주변 사람들의 기대를 헛되게 높여놓았기 때문에 실패해서는 안 된다는 부담감만 커질 뿐이다. 그래서 나는 내가 계획하고 있는 일을 차근차근 준비할 뿐, 쉽게 말하지 않게 되었다.

몇 달 전, 세계에서 가장 영향력 있는 마케팅 구루이자 다양한 글로벌 기업의 CEO를 역임한 세스 고딘과 온라인 인터뷰를 진행한 적이 있다. 그때 그는 완벽주의에 대해 이렇게 말했다.

"완벽함과 완벽주의는 함정입니다. 세상에 완벽한 건 없습니다. (손에 쥔 머그컵을 들어 보이며) 제품 설명서에는 이 컵에 6~6.5온스를 담을 수 있다고 써 있지만, 그 뜻이 정확히 6.00000온스의 액체를 담아야 한다는 건 아닙니다. 명시된 만큼 담을 수 있다는 뜻에 불과합니다. 만약 그 사양이 마음에 들지 않는다면 내가 고쳐 쓰면 됩니다."

—세스 고딘, 유튜브 <드로우앤드류> 중에서

사실 세스 고딘의 말처럼 완벽주의라는 건 허상에 불과하다. 계획이라는 건 시도해보다가 수정이 필요한 순간이 오면 언제든 바꿀 수 있는데, 완벽한 때를 기다린다는 건 그저 핑계일 뿐이다.

세스 고딘은 실행과 연습이 만드는 놀라운 힘에 대해 저술

한 책『더 프랙티스』에서 원하는 성취를 얻기 위해서는 반복을 받아들이라고 말한다. 그 이유 역시 명확하다. 대부분의 사람들이 일을 측정할 수 있는 결과로만 말하는 데 익숙해진 나머지 시작도 하기 전부터 '반드시 성공할 수 있는 비결'을 완벽하게 숙지하려고 한다는 것이다. 하지만 늘 예외가 있는 이 세상에서 신이 아닌 이상 우리는 완벽하게 무언가를 계획할 수도, 그 계획을 실행할 수도 없다. 그러므로 100퍼센트 성공할 수 있는 비결을 좇는 대신 지금 할 수 있는 일부터 작게라도 시작하는 연습이 필요하다.

결과에 초점을 맞추는 대신 실행 자체에 의미를 두는 연습을 해보자. 만약 당신이 유튜브를 시작하고 싶다면 구독자 1만 명을 목표로 잡는 것이 아니라, 우선 '영상 10개 만들어 올리기'를 목표로 세워보는 거다. 구독자 1만 명에 비해 영상을 10개 만들어 업로드하는 건 쉬워 보인다. 그리고 영상이 유튜브에 올라가는 순간부터 우리는 피드백을 받을 수 있다. 내 영상이 몇 명에게 노출되고 클릭되었는지, 시청자들이 영상에 머무르는 시간은 얼마나 되는지, 사람들의 댓글 반응은 어떠한지를 볼 수 있게 되면 채널의 방향성도 점차 잡히게 될 것이다.

경험치가 쌓이면 완벽한 계획이 없더라도 조금씩 앞으로 나아갈 수 있게 된다. 작게라도 시작해야 알 수 있는 것들에서 성장은 시작된다.

경험치가 쌓이면 완벽한 계획 없이도
더 좋은 방법을 자연스럽게 알게 된다.
그것이 감각이다.
감각은 경험으로만 자라난다.

0:11 / 10:59

5년 전 처음으로 업로드한 이 10분짜리 영상이 내가 처음으로 던진 공이었다.

**우리가
할 일은**

**공을 던지는
것뿐이다.**

조용한 사직보다 요란한 사직

02

2023년 직장인 남녀 1,000명을 대상으로 진행한 설문 조사에서 응답자의 58퍼센트가 '조용한 사직^{quiet quitting}'을 고려하고 있다고 답했다. 이는 얼핏 조용히 직장을 그만둔다는 뜻으로 읽히지만, 실제로는 '직장에서 최소한의 일만 하겠다'는 의미로 쓰이는 신조어다. 게다가 한동안 투자 열풍이 불어 주식과 부동산, 가상 화폐로 큰돈을 벌었다는 사람들의 이야기가 떠돌면서 상대적 박탈감을 느끼는 사람들도 많아졌다. 주변에서도 "열심히 일해봤자 월급은 그대로인데, 그럴 거면 받은 만큼만 일을 하겠다"는 말이 심심찮게 들려오는 걸 보면, 노동의 가치가 폄하되는 시대에 살고 있다는 느낌마저 든다.

불평불만을 토로하며 여러 사람을 불편하게 만드는 것보다 회사 일에 깊게 관여하지 않고 최소한의 일만 하는 편이 정신 건강에는 더 좋을지 모른다. 하지만 궁극적으로 더 나은 대우와 보상을 받고 싶다면, 이 같은 태도는 최악의 선택이라고 생각한다.

가슴 한편에 사직서를 품고 주어진 최소한의 일만 하는 삶이 진짜 당신이 바란 삶인가? 그보다는 더 좋은 직장으로 이직하거나 프리랜서로 독립하는 '요란한 사직'이 훨씬 이득이다. 그것이 지금 가진 불만을 해소하는 길이 될 테니까. 그렇다면 당신이 할 일은, 지금 있는 회사에서 유의미한 성과를 만들어내는 것이다.

연 매출 16조의 전자제품 제조 기업 '교세라'를 창업하고 세계적인 기업으로 키워내 '경영의 신'이라 불리는 이나모리 가즈오는 저서 『왜 일하는가』에서 자신의 사회 초년생 시기를 이야기한다. 학교를 졸업하고 쇼후공업에 입사했으나, 당시 회사는 월급도 제때 나오지 않을 정도로 경영 상태가 좋지 않았다. 당장 내일 망해도 이상하지 않을 회사에서 이나모리는 일단 일에 전념하는 것밖에는 선택의 여지가 없다는 결론을 내렸다. 그는 주변 상황을 의식하지 않고 매일 밤 회사에 혼자 남아 최첨단 세라믹 연구에 몰두하기 시작했다. 주말에는 도서관에서 전문 서적을 뒤적이고 평일에는 연구실에서 자면서 일에 몰입한 결과, 쇼후공업을 다시 일으키는 데 결정적인 역할을 했다. 그리고 그때 배운 기술을 토대로 교세라를 창업해 굴지의 대기업으로 성장시킬 수 있었다. 이는 주어진 상황에서 최선을 다 해봤을 때, 그 경험이 이후 또 다른 성공을 만들어낼 수 있다는 것을 보여준 아주 멋진 사례다.

미국에서 디자이너로 처음 일을 시작했을 때 내가 다녔던 회사는 직원 세 명이 전부인 작은 문구 회사였다. 브랜드 인지도가 낮았던 때라 내가 디자인한 상품은 거의 팔리지 않았다. 나는 회사가 그대로 망해가는 걸 가만히 보고 있을 수 없어서 주말에 플리 마켓으로 시장 조사를 다녔고, SNS 마케팅을 공부하기 시작했다. 지역 소비자들의 반응을 바탕으로 상품을 기획하고, 인스타그램을 활용해 브랜드 인지도를 키워나가자 회사는 빠르게 성장해갔다. 이후 직원은 열세 명까지 늘어났고, 나는 그간의 성과를 바탕으로 더 높은 연봉을 받고 더 큰 회사로 이직할 수 있었다. 그리고 이때의 경험은 나만의 콘텐츠가 되어 유튜브는 물론, 강연을 하고 책도 쓸 수 있는 밑거름이 되어주었다.

회사에서 일하며 보내는 시간은 얼핏 회사에게만 좋은 일을 해주는 것처럼 보일 수도 있다. 하지만 그 시간에 최선을 다해 일에 매진한다면 우리의 능력치도 함께 커지기 마련이다. 회사에서의 시간을 헛되이 흘려보내지 말고 나를 성장시키는 기회로 만들어보자. 노력한 만큼 반드시 더 큰 이득으로 돌아올 것이다.

진정한 성장을 원한다면,
조용한 사직보다 요란한 사직을 꿈꿔보는 건 어떨까.

세상에
재미있는 일이
얼마나 많은데!

03

누구에게나 그렇듯 나에게도 '일'은 생계를 위해 당연히 해야 하는 것이었다. 처음 일을 시작했던 1~2년 차에는 일을 배우는 것이 너무 재미있고, 빨리 성과를 내고 싶다는 마음에 일과 삶의 구분이 필요 없을 만큼 일에 몰입했다. 그러나 연차가 쌓여 일이 익숙해지고 성과를 낼 수 있게 되자, 서서히 일과 삶을 구분하고 싶어지는 순간이 찾아왔다. 일은 점점 힘들고 귀찮은 것이 되었고, 삶은 일 때문에 누리지 못하는 소중한 것이 되었기 때문이다. 당시의 나는 회사에서 일을 하면서도 주말을 기다렸다. 내 행복은 더 이상 일이 아닌 퇴근하고 집에서 맛있는 저녁을 먹으며 넷플릭스를 보는 순간에 있었다.

그러다 문득 이런 생각이 들었다.

'매일 아홉 시간이 넘는 시간을 회사에서 보내는데 그저 시간이 빨리 지나가기만을 바라는 건 너무 불행하지 않은가?'

내 인생의 3분의 1에 가까운 시간을 기계처럼 모니터와 시계만 번갈아 쳐다보며 보내고 싶지는 않았다. 그래서 회사에서 즐겁게 일할 수 있는 방법을 찾기로 했다. 늘 주어진 일만 빨리 해치우기에 급급했던 나는, 처음으로 내가 회사의 주인이라고 생각하며 회사를 다녀보기로 했다. 성공했냐고? 아니, 첫날부터 보기 좋게 위기에 봉착했다. 아무리 주인의식을 가지고 일을 한다 해도 중요한 결정은 내 몫이 아니었기 때문에 일은 내가 생각했던 방향대로 흘러가지 않았다. 그럼에도 불구하고 관점을 바꾸자 조금씩 신기한 일이 벌어졌다.

- 내가 하는 일이 회사 매출에 어떤 영향을 주는지 알게 되었다.
- 내가 속한 팀을 넘어 다른 부서의 업무에도 관심이 생겼다.
- 회사의 전반적인 시스템이 눈에 들어왔고, 사업이 돌아가는 구조도 자연스럽게 이해할 수 있었다.
- 내가 다니는 회사뿐 아니라 동종 업계의 경쟁 회사들이

어떻게 일을 하는지도 눈에 들어왔다.

그 후 놀랍게도 내 시야는 점차 넓어졌다. 회사라는 울타리 밖 세상에 눈이 뜨였고, 사이드 프로젝트를 시작하게 되었다. 사이드 프로젝트는 흔히 말하는 외주나 부업과는 다르다. 외주의 경우 클라이언트에게 결정권이 있으니 회사 일과 크게 다르지 않다는 생각이 들었고, 부업은 오직 돈을 버는 수단처럼 느껴져 흥미가 생기지 않았다. 이에 반해 사이드 프로젝트는 당장은 돈이 되지 않아도 온전히 내가 하고 싶어서 시작하는 일이기 때문에 모든 결정을 내가 한다는 점이 좋았다. 회사에서 배운 것들을 활용해 나만의 작은 사업을 운영한다는 생각으로 접근했다.

〈나의 사이드 프로젝트 시작 과정〉

① 전공 분야가 아니더라도 평소에 관심이 있는 분야에서 꾸준히 재미있게 할 수 있는 일을 찾는다.

　(예 : 나는 영문 캘리그래피에 관심이 있었다.)

② SNS를 통해 나의 사이드 프로젝트를 기록하고 보관한다.

　(예 : 필요한 기록을 정리해 보관하고 캘리그래피 작품을 사진으로 찍어 인스타그램에 올리기 시작했다.)

③ 주변 지인들로부터 반응이 오기 시작한다.

　(예 : 캘리그래피를 활용한 초대장 디자인 의뢰를 받았다.)

④ 경력이 없을 때는 무료로 서비스나 상품을 제공하며 포트폴리오를 쌓고 SNS로 홍보한다.

(㉯ : 초대장을 무료로 만들어주고 개인 과외를 한 내용을 사진으로 남겨 SNS에 게시했다.)

⑤ 같은 업계에서 수익을 내고 있는 사례를 찾아 그들의 서비스와 상품을 조사하고 연구한다.

(㉯ : 캘리그래피 원데이 클래스를 수강해 수업 진행 방식을 배웠다.)

⑥ 직접 서비스나 상품을 구성하여 판매를 시작한다.

(㉯ : 주말이나 퇴근 후 시간을 활용하여 캘리그래피 개인 과외를 시작했다. 회사에 다니고 있었기 때문에 당장 돈을 벌어야 한다는 부담이 없었다.)

⑦ 서비스와 상품이 팔리면 리뷰를 정리해 SNS로 홍보해서 더 많은 고객들을 확보한다.

실제로 나는 이 방법으로 돈을 벌기 시작했고, 고객 문의가 늘었지만 워킹 비자로는 미국에서 사업체를 낼 수 없었던 탓에 결과적으로 캘리그래피 사이드 프로젝트는 실패로 돌아갔다. 하지만 이후 유튜브에 영상을 올리며 새로운 사이드 프로젝트를 시작했고, 그것이 현재 드로우앤드류의 인스타그램 계정과 유튜브 채널이 되었다. 회사를 다니며 하는 사이드 프로젝트였기 때문에 처음부터 실패해서는 안 된다는 걱정도, 돈을 벌어야 한다는 부담도 없었다. 그렇게 일은 하지 않을수록 좋다고 생각했던 내가 스스로 일을 두 배로 늘렸고, 퇴근 후 넷플릭스를 보던 시간까지 투자하며 진심으로 푹 빠져들었다. 힘들고 귀찮게 여겨지던 일이 마음가짐을 바꾸자 되려 나를 더 즐겁고 행복하게 만드는 존재가 되었다.

즐겁게 하는 일은 결국 좋은 성과로 이어진다. 이래서 노력하는 자는 즐기는 자를 이길 수 없다고 하나 보다. 그 진심을 소비자들이 귀신같이 알아보기 때문이다. 사이드 프로젝트로 시작했던 유튜브가 본업이 되었고, 이후 회사를 퇴사하고 전업 크리에이터로 활동하고 있다.

이후 일상 브이로그를 담은 두 번째 채널 〈마세슾〉을 만들었고, 내 공간을 소개하는 팝업 스토어를 열었다. 이때 미국에서 배운 캘리그래피를 활용해 굿즈를 만들어 매진시켰으니 나의 첫 사이드 프로젝트도 꼭 실패했다고 볼 수 없게 되었다. 퇴사한 이후에도 지금까지 나의 사이드 프로젝트는 계속되고 있다. 지역 특산물 브랜드를 만들었고, 최근에는 문구 디자이너 경력을 살려 다이어리와 플래너가 담긴 자기계발 키트를 만들기도 했다. 자기계발 키트는 많은 분들이 좋아해주신 덕분에 매출 3억 원을 달성할 수 있었다.

이렇듯 지금껏 내가 성취해온 많은 일들은 모두 사이드 프로젝트에서 시작되었다. 여전히 나는 새로 시작할 사이드 프로젝트를 찾고 있는 중이다. 세상은 정말 재미있는 일로 넘쳐나고, 작게 도전해볼 수 있는 방법들이 너무나도 많다. 혹시 회사가 지루하고 일상이 무료하다면, 지금 당장 사이트 프로젝트를 계획해보는 건 어떨까?

생각만 해도

엉덩이가 들썩거리는

신나는 일들이

지금까지 내가 도전했던 수많은 사이드 프로젝트의 순간들. 앞으로를 더 기대하게 만드는 사진들이다.

우리를
기다리고 있다!

될놈될이
아니라
할놈할

'될놈될'이라는 말이 있다. '될 놈은 뭘 해도 된다'는 말의 줄임말로, 잘될 사람은 어떻게든 결국 잘된다는 뜻으로 쓰인다. 이 말을 잘 들여다보면 성공이란 노력뿐 아니라 운도 따라주어야 한다는 내용이 전제되어 있다. 내 채널에 자기 분야에서 성공한 사람들이 많이 출연하다 보니 이런 내용의 댓글이 종종 달리곤 하는데, 대개 이런 식이다.

"성공은 결국 다 운이야."

큰 성공은 타고나거나, 또는 운이 따르는 사람에게 주어진다는 의미이기도 할 것이고, 노력한다고 모두가 성공할 수는 없다는 의미이기도 할 것이다. 그렇다면 운이란 건 대체 어떻게 작용하는 걸까?

2년 전쯤 나는 운과 관련해서 굉장히 신기한 경험을 했다. 오랜만에 본가에서 가족들과 점심을 먹고 오는 길이었다. 버스를 타고 집에 돌아왔는데 가방에 있어야 할 지갑이 아무리 찾아도 보이지 않았다. 본가에 전화도 해보고, 혹시 집에서 잃어버린 것은 아닌가 싶어서 온 집 안을 뒤져보았지만 지갑은 나오지 않았다. 버스 회사에 전화를 걸어 확인했지만 거기에서도 내 지갑은 발견되지 않았다. 급한 대로 은행에 들러 카드를 재발급받기로 했다. 그렇게 은행에 가기 위해 버스에 탔는데, 이상한 기시감 같은 게 들었다.

'내가 어제 탔던 그 버스 같은데…. 설마…?'

마침 내가 어제 앉았던 자리가 비어 있어 자리를 옮겨 반신반의하며 좌석 밑을 보자, 세상에, 거기에 내 지갑이 있었다. 놀랍고 반가운 마음에 지갑을 열어보니 카드와 현금도 그대로였다. 어떻게 내게 이런 행운이 있었을까?

내가 지갑을 잃어버린 순간부터 다시 찾을 때까지 아무에게도 발견되지 않고, 같은 방향으로 가는 많은 버스 중 굳이 이

번호의 버스를, 그것도 4~8분 간격으로 운행되는 스물여섯 대중 지갑을 흘렸던 바로 그 버스를 내가 다시 타게 될 확률은 대체 얼마나 될까?

사실 행운이 찾아올 확률 같은 건 큰 의미가 없다. 중요한 건 내가 지갑을 찾았다는 사실이다. 지갑을 잃어버린 건 운이 매우 나쁜 일이다. 각종 카드와 신분증을 재발급받고, 그것을 다시 결제 앱에 등록하고 연동하는 것은 꽤나 에너지를 잡아먹는 일이기 때문이다. 게다가 큰돈이라도 들어 있었다면 경제적 손실까지 입게 된다. 아무리 애를 써도 지갑을 다시 되찾으리라는 보장도 없다. 그런데 나는 버스 회사에 전화를 했고, 본가에도 거듭 확인을 했으며, 전화로 재발급을 신청해도 되는데 은행에 가기로 마음먹고 버스에 탔다. 이 모든 행동을 했기 때문에 내가 다시 지갑을 찾는 행운을 만날 수 있었던 거다. 만약 지갑을 잃어버렸다며 낙담하고, 찾기를 포기해 아무것도 하지 않았다면 결국 아무 일도 일어나지 않았을 것이다.

지갑을 찾고 기쁨에 젖어 친구에게 이렇게 으스댔다.
"야, 나는 진짜 '될 놈'인가 봐. 어떻게 어제 지갑을 두고 내린 버스를 다시 탈 수가 있냐?"

그러자 친구는 이렇게 답했다.

"야, 너는 '될 놈'이 아니라 '할 놈'인 거지. 어떻게든 지갑을 찾겠다고 행동할 놈!"

친구의 말이 맞다. 나는 '될 놈'이 아니라 '할 놈'이었던 거다. 이건 그간 내가 인터뷰해온 수많은 성공한 이들도 크게 다르지 않았다. 그들 역시 하는 일마다 잘 돼온 것처럼 보이지만, 사실 그 과정에는 수많은 실패와 역경이 있었다. 예상치 못한 상황에도 낙담하지 않고 자기가 할 수 있는 일들을 묵묵히 해온 사람이 결국 성공한다. 될 사람이 정해져 있는 게 아니라 될 때까지 한 사람이 성공하는 것이다.

되는 놈이 되는 게 아니라
하는 놈이 될 때까지 하는 것.
결국 운도 행동하는 사람을 따라가는 게 아닐까?

존경의 욕구

05

"쟤도 하는데 나라고 못 할 게 뭐야? 내가 더 잘할 것 같은데?"

한 번이라도 이런 생각을 해본 적이 있다면, 잠시 그 순간에 머물러보자. 어쩌면 그 순간이 당신의 인생을 바꿀 절호의 기회일지도 모르기 때문이다.

인정받고 싶어 하는 건 인간이라면 모두가 지닌 기본적인 욕구다. 미국의 철학자이자 심리학자인 에이브러햄 매슬로는 인간의 욕구와 관련하여 '5단계 욕구 이론'을 발표했다. 이는 인간의 동기는 다섯 가지 욕구의 계층에 따라 순차적으로 생겨나며 그 욕구를 충족함으로써 일하려는 동기가 생겨난다고 보

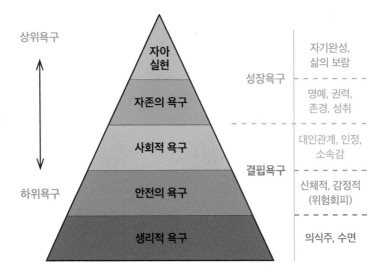

매슬로의 5단계 욕구 이론은 인간의 욕구가 그 강도와 중요성에 따라 일련의 단계를 형성한다고 보는 동기 이론이다.

는 일종의 동기부여 이론이다.

이 중에서 타인에게 인정받고 싶어 하는 욕구를 존경의 욕구라고 한다. 사람들과 친하게 지내고 싶어 하는 인간의 기초가 되는 욕구이며 자아 존중, 자신감, 성취, 존경 등에 관한 욕구가 이에 속한다. 존경의 욕구는 다시 내면의 자존감을 키우려는 내적 존경 욕구와 타인으로부터 인정받으려는 외적 존경 욕구로 나눌 수 있는데, 이런 욕구를 잘 이용하면 목표를 이룰 때 좋은 원동력이 될 수 있다.

외적 존경 욕구는 앞에서 이야기한 것처럼 남들과 경쟁하여 나의 가치를 높이고 싶은 마음이다. 이런 경쟁심을 이용해 경쟁 상대를 목표로 정하고 '저 사람도 했으니 나도 할 수 있다'라고 스스로를 응원하며 자신의 능력을 끌어내는 것이다. 자신만의 콘텐츠로 사람들에게 사랑받고 존경받는 크리에이터들을 동경했던 나 역시 그 욕구를 이용해 스스로를 움직였다.

여기서 중요한 것은 이런 내 마음을 그대로 받아들이고 좋은 쪽으로 활용하는 것이다. 외적 존경 욕구가 잘못 발휘될 경우, 남들의 평가를 지나치게 의식해 본인이 하고 싶은 것이 무엇인지를 잊어버리게 되기 때문이다.

예를 들면, 열심히 한 일이 기대보다 좋은 성과를 내지 못했을 때 낙담하고 쉽게 포기하는 경우가 있다. 더 최악은 시도조차 하지 않고 "내가 안 해서 그렇지 마음만 먹으면 훨씬 더 잘할 수 있어!"라고 허세를 부리거나 "난 저렇게까지 하고 싶지는 않아"라며 자신을 속이는 것이다. 이렇게 말하면 적어도 남들 앞에서 덜 창피할 순 있겠지만, 결국 스스로를 더 신뢰하지 못하게 되고 남들에게 인정받는 일이 아니면 그 어떤 것에도 의욕이 생기지 않는 악순환에 빠질 수 있다.

실제로 "내가 더 잘할 것 같은데?"라고 말하거나 생각하는 사람들은 좋은 잠재력을 지니고 있는 경우가 많다. 반면 충분한 재능을 가지고 있음에도 불구하고 이를 제대로 활용하지 못하는 사람을 볼 때면 안타까운 마음이 든다. 어쩌면 허세로만 끝나지 않고 더 멋진 결과를 만들어낼 수 있을 텐데 말이다.

이때 필요한 것이 바로 내적 존경 욕구다. 남들에게 잘 보이고 싶어서가 아니라 내가 정말 하고 싶어서 하는 것. 이 욕구가 강할 때 우리는 기대보다 낮은 결과를 얻더라도 있는 그대로의 나를 받아들이고 계속해서 앞으로 나아갈 수 있다. 스스로 최선을 다했다는 걸 알기에 타인의 평가 없이도 자신의 노력을 인정할 수 있고, 자존감도 높아지는 것이다. 이런 행동이 쌓일수록 자기 신뢰도 쌓이며 초조해하고 불안해하기보다 나를 더 발전시킬 수 있는 일에 집중하게 된다. 결국 꾸준히 자신을 움직이고, 그 안에서 기회를 잡아 성취를 이루어내는 것이다.

그렇다면, 당신의 마음속 존경 욕구를 자극하는 사람이 누구인지 생각해보자. 그리고 그 사람의 어떤 부분이 나에게 그런 마음이 들게 했는지 자세히 들여다보는 거다. 어떤 부분을 닮고 싶은지, 내가 더 잘할 수 있는 건 무엇인지 등 우리가 가진 욕구를 이해하고 유리하게 활용할 때, 우리는 건강하게 자신을 지켜내며 성장할 수 있다.

당신은
지금 어떤 자아로
살고 있는가?

06

한때 온라인상에서 직장인 2대 허언이라고 불리던 말이 있다.

"나 퇴사할 거다."
"나 유튜브 할 거다."

이 말들은 어쩌다가 직장인의 허언이라 불리게 되었을까? 왜 직장인들은 이 말들을 습관적으로 내뱉으면서도 실행하지 못하는 걸까? 미국의 유명한 자기계발 코치이자 베스트셀러 작가인 개리 비숍은 자신의 책 『시작의 기술』에서 많은 이들이 '시작하지 않는 이유'에 대해 이렇게 말한다.

"당신은 이대로 사는 게 그런대로 참을 만한 게 틀림없다."

말 그대로 퇴사하고 유튜브에 한 번쯤 도전해보고 싶지만 막상 그러자니 지금 다니는 직장이 그런대로 다닐 만한 거다. 왜냐하면 직장이라는 안전 지대를 벗어나면 세상은 거대한 러시안룰렛처럼 아무것도 예측할 수 없는 불확실한 것투성이기 때문이다. 개리 비숍은 이를 두고 사람들이 자기도 모르는 사이에 '예측'이라는 마약에 중독되어 지배당하고 있다고 말한다.

만약 유튜브 영상을 한 편만 올려도 구독자 10만 명을 달성할 거라는 예측이 있다면, 시도해보지 않을 사람이 있을까? 사기만 하면 무조건 300퍼센트가 오르는 주식이 있다면 투자하지 않을 사람이 없을 거고, 시작만 하면 크게 대박을 터뜨릴 사업이 있는데 하지 않을 사람도 없을 거다. 하지만 현실에서 '성공'은 예측하기 어렵고 예측할 수도 없다. 반면 상대적으로 예측 가능한 것이 바로 '월급'이다. 많은 직장인들이 매달 통장에 꽂히는 안전하고 보장된 보상에 중독되어 불확실한 일에 도전하기를 망설인다. 결국 습관처럼 내뱉는 허언의 근본적인 원인은 불확실성을 거부하는 무의식에 있는 것이다.

"우리의 삶에는 크고 작은 성취들이 있다.

그중에 당신이 예측한 게 있는가?
예측하지 못한 것이 더 많을 거다.
그리고 우리가 만들었던 성취들은
사실 불확실성에서 온 게 굉장히 많다.
그러니 그런 불확실성을 환영해야 된다.
인생은 계획한 대로 되는 게 거의 없기 때문이다."

—유튜브 〈드로우앤드류〉 중에서

무의식이 정말로 원하는 것(확실한 것)과 내가 원한다고 말하는 것(불확실한 것)은 서로 다르다. 그러니 우리는 인생의 불확실성을 환영하고 내면의 무의식을 바꾸어야 한다.

"무의식 속의 나는 나를 어떤 사람으로 생각하고 있는가?"

이 질문의 답을 찾고, 이를 바꿔야만 스스로를 움직일 수 있다. 그래서 나는 새로운 일을 시작할 때 다른 자아의 옷을 입는다. 직장에 다니면서 유튜브를 처음 시작했을 때도, 회사에 출근할 때는 '그래픽 디자이너이자 직장인'의 자아를 입었지만, 퇴근 후에는 이를 집어던지고 '크리에이터'라는 자아를 입었다. 운동이나 취미 생활을 할 때도 그 순간만큼은 운동선수나 아티스트가 된다. 내 무의식 안에 '나는 이걸 하는 사람이다'라는 마인드를 새기는 거다.

나는 _____ 하는 사람이다.

이 질문을 곰곰이 생각해보고, 심지 굳은 다짐을 불러일으켜 글로 써보면 결심을 실천으로 옮기는 데 큰 도움이 될 것이다. 유튜브를 시작한다고 해서 바로 조회수와 구독자 수가 오르지는 않는다. 운동을 시작한다고 바로 몸이 좋아지는 것도 아니다. 하지만 '나는 이걸 하는 사람'이라고 나를 정의해야 내가 원하는 것과 무의식이 원하는 것을 일치시킬 수 있다. 그리고 그걸 하는 사람이라는 걸 증명하기 위해 계속 노력할 수 있다.

나 역시 매주 올리는 유튜브 영상의 조회수가 기대한 만큼 나오지 않을 때가 있다. 원하는 반응의 댓글이 달리지 않을 때도 많다. 그럼에도 나는 꾸준히 책을 읽고 유튜브 콘텐츠를 기획하기 위해 인사이트를 모은다. 이건 내가 부지런해서가 아니라, '자기계발 크리에이터'라는 자아로 살아가기 때문이다.

내가 정의한 자기계발 크리에이터는 사람들에게 영감을 주고 동기부여를 하는 사람이다. 그렇기 때문에 새로운 것을 전할 수 있도록 많이 공부해야 한다. 또 자기 관리 역시 소홀히 해서는 안 되며, 사람들에게 내 이야기를 재미있게 풀어낼 줄 알아야 한다. 철저히 조사하고 잘 기획해서 재미있고 유익한 콘텐츠를 만들어야 한다. 물론 그 과정에서 나 역시 자주 실패하고 불확실한 것들 앞에서 불안해지기도 한다. 그럼에도 내가 입은 자기계발 크리에이터라는 자아는 나를 부단히 노력하게 만든다.

지금 당신은 어떤 자아로 살아가고 있는가?
내가 원하는 삶의 모습과
내가 생각하는 자아가 일치할 때,
우리는 비로소 허언을 멈추고
꿈을 실행하는 사람이 될 것이다.

"나는
_____ 하는
사람이다."

이 문장의
빈칸을 채우는 일이
우리를 움직일 것이다.

07

지속적인 성장을 돕는 자기계발 루틴

지난 2년 동안 매달 한 권의 책을 선정해 구독자들과 함께 읽고 이야기를 나누는 온라인 북클럽을 운영해왔다. 한 달에 한 번씩 진행되니 열두 번째 책을 소개하는 영상이 올라가면 금세 한 해가 지났다는 게 실감이 난다. 그렇게 연말을 맞이할 때면 나는 플래너와 다이어리를 펼쳐 지난 1년의 기록을 보면서 회고하는 시간을 갖는다. 벌써 8년 동안 유지해온 나만의 연말 루틴이다.

신기하게도 플래너와 다이어리에 기록된 내 1년은 생각보다 많은 것들로 채워져 있다. 그래서일까? 그 기록을 자세히 들여다보고 있으면 내가 기억하지 못하는 지난 나를 마주하는 느낌이 든다. '내가 이런 고민을 했었네? 맞아, 이런 것도 도전했었지. 이때는 이런 게 참 힘들었는데…' 하며 자연스럽게 과거의 나를 떠올리고, 지금의 나는 어떤지 비교해보기도 한다. 그러다 비교적 성장한 모습을 발견하면 내심 뿌듯하다. 전 영국 총리이자 노벨 문학상을 수상한 윈스턴 처칠은 "내가 역사를 기록하려 하므로 역사는 내게 친절한 것이다"라고 말한 바 있다. 나를 꾸준히 발전시킨 자기계발 루틴 역시 기록에서 시작된다.

첫 번째 단계는 '기록'이다.

기록은 앞서 말한 것처럼 과거와 현재를 비교해 성장한 자신을 마주할 수 있게 해준다. 이뿐 아니라 부족한 점을 반성하고 생각을 정리하며 자신을 알아가는 데 중요한 역할을 한다. 이런 과정을 통해 위로와 응원을 받기도 하지만, 기록만으로는 해결할 수 없는 막연한 두려움을 마주하기도 한다.

이때 필요한 건 동기부여다.

나는 내가 두려워하는 것과 반대되는 의미의 문장을 적어본다. 예를 들어 남들에게 미움받는 것이 두렵다면 반대로 이런 문장을 써보는 거다.

"나는 사랑받는 사람이다."

"나는 특별하고 멋진 사람이다."
"내게는 사람을 끌어당기는 힘이 있다."

또 준비하는 일들이 계획대로 흘러가지 않거나, 실패할까 봐 걱정스럽다면 이런 문장을 써본다.

"나는 모든 문제의 해결책을 가지고 있다."
"나는 언제나 올바른 선택을 한다."
"나는 넘어져도 다시 일어난다."

결국 두려움을 마주해 앞으로 나아가기를 망설이는 나에게 필요한 말을 해주며 자기 암시를 거는 것이다. 불안하고 두려운 마음이 일 때, 혹은 피곤하고 무기력한 날에도 스스로를 응원하는 문장들을 적어보면 기분 좋은 아침을 맞이할 수 있다.

그다음은 바로 '계획'이다.

자기 암시를 통해 잔뜩 동기부여가 된 상태에서 나의 하루를 경영한다는 마음으로 앞으로 할 일을 계획한다. 계획을 통해 해야 할 일들이 눈앞에 보이면 걱정 없이 '실행'으로 넘어갈 수 있다.

마지막 단계는 '실행'이다.

그날 아침에 세운 계획들을 말 그대로 실천하면 된다. 만약 실행하다가 막히는 순간이 오면 독서를 한다. 예를 들어, 다이어트를 시작할 때 운동 방법이나 식단 관리 방법을 찾아보는 것처럼 책을 통해 정보를 모아보는 거다. 유튜브나 인터넷 검색을 통해 빠르게 찾아볼 수 있는 정보도 많지만, 나는 독서를 선호한다. 책에는 그만한 힘이 있다고 생각하기 때문이다. 인터넷 속의 정보는 빠르게 습득한 만큼 쉽게 사라지고, 부정적인 정보가 더 많다. 하지만 자기계발서와 경제·경영서는 실패를 거듭했을지 몰라도 결국 성공해낸 사람들이 자신의 경험을 정제하여 쓴 글이며, 천천히 읽으면서 우리 뇌 속에 입력된 정보는 기억에 오래 남기 마련이다.

마지막으로 실행을 마치면 그 결과가 실패든 성공이든 상관없이 모두 다시 '기록'한다. 이 기록들이 쌓여 나만의 오답 노트가 되고, 점차 옳은 결정을 할 수 있게 도와준다. 그렇게 다시 동기부여, 계획, 실행의 단계로 넘어간다. 이 반복되는 루틴이 내 성장을 책임지는 나만의 무한 동력이다.

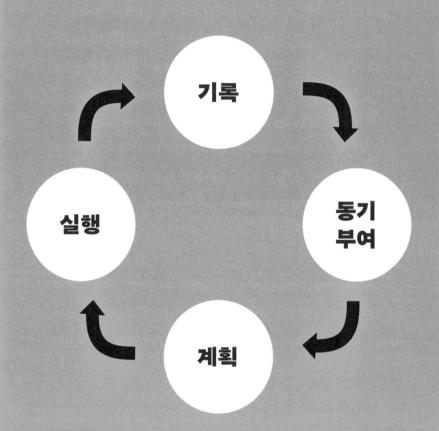

'기록-동기부여-계획-실행'을 반복하는 나의 자기계발 루틴이다.

기록을 통해
동기부여를 얻고
계획을 통해
실행한다.

그것이 내가
지나온 길이며
곧 나의
역사가 된다.

생산성 높게
일하는 사람들의
특징

나는 하고 싶은 게 참 많은 사람이다. 콘텐츠를 만들고 사람들 앞에서 강연하고 글을 쓰는 것도 좋아하지만, 틈틈이 운동도 하고 여행과 취미 생활을 즐기며, 친한 사람들과 즐거운 시간도 보내고 싶다.

하지만 이 모든 것을 해내기엔 내 시간과 에너지는 한정되어 있다. 나는 전기만 공급되면 온종일 돌아가는 기계가 아닌 터라 당일의 컨디션에 따라 쉽게 피곤해지는 날이 있는가 하면, 활기가 넘쳐 하루에 더 많은 일을 해내는 날도 있다. 하지만 일이 많고 바빠질수록 먹고 쉬는 시간을 가장 먼저 포기한다는 걸 깨달은 나는, 나를 지키면서도 하고 싶은 일을 다 해내기 위해 생산성을 높이기로 결심했다. 그래서 나는 지난 몇 년간 그 방법을 고민해왔다.

내가 찾은 첫 번째 방법은 '프로의 마인드를 갖는 것'이다. 프로의 마인드를 갖기 위해서는 가장 먼저 '영감에 의존하는 습관'을 끊어야 한다. 영감이 떠오를 때, 혹은 의욕이 생길 때만 일하는 건 아마추어의 방식이다. 많은 이들이 아티스트는 영감이 떠오를 때만 작업한다고 착각한다. 물론 갑자기 영감을 받아 몰입한 상태로 작업할 때도 있겠지만, 실제 프로가 일하는 모습을 보면 전혀 그렇지 않다. 그들은 언제 찾아올지 모를 영감을 마냥 기다리지 않는다. 그렇게 일하는 건 매우 비효율적이기 때문이다. 게다가 영감이 떠오른다고 해도 일을 할 준비나 환경이 갖춰져 있지 않으면 집중도가 흐려져 그만큼의 효과를 내지 못한다.

그래서일까? 내 주변의 많은 크리에이터들은 대부분 콘텐츠 업로드 주기를 정해둔다. 그리고 영감이 찾아오기를 하염없이 기다리지 않고 스스로 영감을 찾아간다. 일을 처리하는 본인만의 패턴이 있고, 그 패턴에 맞춰 영감이 찾아오도록 훈련이 잘되어 있다. 하루 중 자신의 창의력과 집중력이 가장 좋은 시간을 알고 있고, 그 안에 가장 중요한 일들을 처리한다.

예를 들면 가장 생산성이 좋은 시간에 영상 기획이나 원고 작업, 또는 썸네일이나 영상의 제목, 카피 쓰기 등의 일을 하고, 다소 집중력이 떨어지는 시간에는 이메일 처리나 간단한 서류 작업같이 상대적으로 창의력을 덜 사용하는 업무들을 처리하는 거다. 크리에이터뿐 아니라 그동안 내가 만나온 성공한 사람들은 모두 자기만의 루틴과 일하는 패턴을 가지고 있었다. 아침에 일찍 일어나는 것도, 밤늦게 작업하는 것도 좋다. 단, 이를 규칙적으로 반복해 나만의 일하는 패턴으로 만드는 것이 중요하다.

두 번째는 마감일을 정하고 툴과 스킬에 대한 집착을 버리는 것이다. 생산성을 높인다는 건 한정된 시간 안에 얼마나 많은 가치를 만들어낼 수 있는가에 달려 있다. 여기서 '한정된 시간'이라는 말에 주목해보자. 간혹 과제나 프로젝트의 마감 기한이 임박했을 때 생산성이 올라가는 경험을 해본 적이 있지 않은가? 시간이 많을 때는 오히려 일을 미루거나 쓸데없는 일에 너무 많은 시간을 쓰곤 하지만, 마감이 다가오면 초인적인 능력이 발휘된다. 그래서 나는 모든 일에 나만의 마감일을 정해둔다. 그리고 마감일을 정하는 과정에서 내가 이 일에 들일 에너지의 양을 가늠해보는데, 그러면 어느 정도의 시간이 걸릴지, 어떻게 해나갈지에 대한 그림도 구체화할 수 있다.

일	월	화	수	목	금	토
드로우앤드류의 요일별 주요 업무 일정표						
일정 관리 & 주간 촬영 준비	팀원 미팅 및 유튜브 촬영	외부 일정 (미팅 or 인터뷰 or 강연 or 행사)	사이드 프로젝트	외부 일정 (미팅 or 인터뷰 or 강연 or 행사)	콘텐츠 제작	휴일

위의 표는 나의 주간 일정을 대략적으로 정리해둔 표로 각 요일에 맞춰 그날 집중적으로 해야 하는 업무들을 정해놓고 시간을 관리하고 있다. 유튜브 크리에이터로서 본업을 해야 하는 날, 사이드 프로젝트를 하는 날, 강연이나 행사 등 외부 일정을 소화해야 하는 날 등 각 요일별로 업무 주제를 배정해두면 마감일을 정해 구체적인 작업량을 가늠해보는 것과 마찬가지로 내가 각 프로젝트에 쓸 수 있는 시간을 효율적으로 관리할 수 있다.

예를 들면 브이로그 유튜브 채널 〈마세숲〉을 처음 시작했을 때, 나는 이미 〈드로우앤드류〉 채널을 운영하며 강연을 다니고 책을 쓰는 바쁜 일정을 소화하고 있었다. 그래서 〈마세숲〉의 채널 운영을 구상하면서 일주일에 딱 하루를 투자할 수 있겠다고 판단했다. 그 일에 쏟을 수 있는 내 시간과 에너지의 양이 정해지자 많은 것들이 해결됐다. 가장 먼저 준비 과정이 오래 걸리는 200만 원이 넘는 촬영용 카메라 두 대를 사용하는 대신, 아이폰을 거치대에 끼워 촬영하는 것이 훨씬 효율적이라는 계산이 섰다. 더 좋은 장비로 훨씬 높은 퀄리티의 영상을 만들 수도 있지만, 브이로그에 도전하는 것은 처음이니 툴이나 스킬에 집착하는 대신 감각을 키우는 데 중점을 두기로 결정한 것이다. 그렇게 기한과 툴을 정한 덕분에 바쁜 와중에도 1년 간 매주 한 편씩 꾸준히 영상을 올릴 수 있었고, 그렇게 시작한 채널은 아홉 번째 영상이 올라갔을 때 구독자 10만 명을 달성했다.

일본의 저명한 경영 전략 컨설턴트인 야마구치 슈와 구스노키 겐은 저서 『일을 잘한다는 것』에서 오늘날의 IT 기술은 일반적인 업무를 수행하는 개개인에게 특별한 기술 습득을 요구하지 않는다고 말한다. 누구나 쉽고 편리하게 사용할 수 있도록 기술이 점점 발전하고 있기 때문에 기술이 아닌 일에 대한 '감각'을 키우는 데 집중해야 한다는 것이다. 세상에는 생산성을 높여주는 수많은 툴이 존재한다. 하지만 이들에 너무 깊이 의존하게 되면 오히려 중요한 순간에 제대로 대응할 수 없게 된다.

생산성을 높이고 싶다면 영감에 의존하는 것을 멈추고, 툴과 스킬에 대한 집착을 버리자. 그리고 감각을 키우는 데에 집중하자. 아마 당신은 훨씬 많은 일을 할 수 있게 될 것이다.

좋은
성과를 내는
아주 간단한 습관

자기계발을 위해 열심히 강의를 듣고 책을 읽어도, 정작 얻은 것을 자신의 삶에 적용하지 못한다면 그건 시간 낭비에 불과하다. 인풋이 있으면 아웃풋이 나와야 피드백을 받을 수 있고, 그 피드백을 통해 개선할 점을 찾아 더 좋은 성과를 낼 수 있기 때문이다.

디자인을 전공한 나는 4년 동안 전공 수업을 듣고 여러 가지 디자인 프로그램 사용법을 배웠다. 그 정도로 '디자이너가 되었다'고 말할 수 있을까? 아니다. 내가 직접 디자인한 상품이 세상에 나오는 순간부터가 '진짜 디자이너로서의 시작'이라고 할 수 있다. 고객들의 반응과 상품의 판매 추이를 살펴보고 피드백을 통해 더 좋은 디자인을 만들고 성장해야 비로소 디자이너가 되었다고 말할 수 있을 것이다.

내가 유튜브에서 성과를 만들어낸 방식도 이와 같다. 영상을 올려서 조회수와 댓글, 클릭률, 시청 지속 시간 등의 정보를 얻고, 이를 바탕으로 문제점을 개선하는 일을 반복하면서 성장할 수 있었다. 이렇듯 나는 어떤 일을 하든지 이 세 가지 단계를 반복하며 더 좋은 성과를 만들어나간다.

- 리서치: 나에게 필요한 정보 수집하기
- 큐레이션: 수집한 정보를 정리하기
- 아웃풋: 정보를 토대로 결과물 만들기

만약 당신이 브랜드 로고 디자인을 의뢰받는다면 가장 먼저 리서치를 통해 회사의 브랜드 자료를 수집하고, 이와 비슷한 이미지의 다른 브랜드 로고들을 찾아볼 것이다. 그 후 클라이언트의 요구에 맞춰 자료를 정리하고, 이를 바탕으로 디자인 아웃풋을 뽑아낼 것이다. 콘텐츠도 마찬가지다. 자기계발 영상을 만든다면 가장 먼저 리서치를 통해 자기계발과 관련된 여러 콘텐츠를 수집하고, 주제를 선정한 뒤 기획서와 대본을 쓰고 영상을 만든다. 여기까지는 모두 아는 내용일 것이다.

다만 내가 여기서 강조하고 싶은 점은 필요한 정보를 찾는 리서치 시간과 아웃풋을 뽑아내는 데 걸리는 시간을 단축시킬 수 있는 좋은 방법이 있다는 것이다. 바로 '큐레이션'이다. 만약 평소 영감을 쌓아두고 리서치해온 내용을 카테고리별로 정리해둔 사람이라면 그렇지 않은 사람에 비해 리서치를 시작해 아웃풋을 만들어내기까지의 시간을 훨씬 단축시킬 수 있을 것이다. 이것이 바로 평소 기록하는 사람과 그렇지 않은 사람의 차이다.

크리에이터로 일하다 보면 때때로 초대한 게스트의 일정에 변동이 있거나 광고주의 일정 변경으로 갑자기 영상을 촬영해야 하는 경우가 생기곤 한다. 또 강연 일정이 갑작스레 잡히기도 한다. 그럴 때마다 나는 태연하게 그간 리서치해둔 것을 모아놓은 '기록 저장소'를 열어본다. 그곳에는 구독자의 질문이나 사연, 책을 읽다가 떠오른 아이디어나 에피소드, 영감을 주는 글귀들이 빼곡하게 정리되어 있다. 새로운 리서치에 앞서 그동안 열심히 찾고 기록해놓은 자료들에서 필요한 자료를 먼저 찾아볼 수 있는 셈이다. 이렇듯 평소에 기록하고 정리하는 '큐레이션 습관'은 언제든 준비된 자료로 좋은 결과물을 만들어낼 수 있는 힘이 된다. 따라서 언제든 좋은 성과를 내고 싶다면 기록을 습관화할 필요가 있다.

메모광으로 잘 알려진 마이크로소프트의 창업주 빌 게이츠는 자신의 생각을 종이 위에 필기하는 것이 아이디어를 붙잡는 가장 좋은 방법이라고 말한다. 만약 기록하는 데 서투르다면 어렵게 생각하지 말고 자신이 가장 편하게 사용할 수 있는 도구를 활용해보기를 추천한다.

효과적으로 메모할 수 있는 팁이 하나 있는데, 이는 바로 '페르소나 메모법'이다. 내 안의 페르소나에 맞춰 필요한 자료를 나누어 정리하는 방법으로 내가 기록할 때 주로 사용하는 방법이다. '나'라는 존재는 하나지만, 사실 사람은 각자의 책임과 역할에 따라 여러 가지 페르소나를 가지고 살아간다. 예를 들어 회사 안에서의 나, 친구들 사이에서의 나, 가족 안에서의 나 등 다양한 내가 존재하는 것이다. 나의 경우 페르소나는 총 네 개로 자기계발 크리에이터, 작가 겸 강연가, 디자이너, 감성 브이로거로 나눌 수 있다. 마치 SNS 계정을 여러 개 운영하는 것처럼, 나는 이 페르소나에 따라 필요한 자료를 따로 나누어 정리하고 있다. 플래너 뒤에 있는 노트에 아이디어를 마구 적어 기록하는 페르소나가 있는가 하면, 스마트폰의 기본 노트 앱 또는 구글 문서를 이용해 자료를 모으기도 한다. 이렇게 기록해두면 필요한 순간에 목적에 맞는 자료를 찾아보는 데 매우 효과적이다.

이렇게 기록들을 모으는 일은 나에게 있어 제2의 두뇌를 만드는 것과 같다. 다양한 일과 여러 가지 프로젝트를 한 번에 진행할 때도 많고, 팀원들의 업무까지 관리해야 하는 탓에 항상 생각해야 할 것들이 너무 많다. 만약 이 모든 것을 머리로 기억하려고 한다면 뇌에 과부하가 걸릴 것이다. 하지만 기록을 해두면 안심할 수 있다. 이렇게 제2의 두뇌를 만들어 정보들을 관리하면, 미래의 프로젝트를 걱정하며 불안해하지 않아도 되고 지금 주어진 일에 집중해 업무를 끝낼 수 있다.

좋은 성과를 얻고 싶다면 자신에게 필요한 정보를 수집하고, 페르소나를 나눠 정보를 정리한 후 이를 토대로 아웃풋을 만드는 습관을 들여보자. 누구든 꾸준히 좋은 성과를 낼 수 있게 될 것이다.

게으른
자기계발
크리에이터

10

솔직히 고백하자면,

나는 사실 그렇게 열심히 살지 않았다.

    지독한 회피형 기질을 타고난 나는 겉으로 보기에는 매일 최선을 다해 사는 것처럼 보이지만, 사실 꽤나 게으른 사람이다. 스스로의 기대에 미치지 못하면 크게 실망하는 성격 탓에 '적당히'를 삶의 모토로 삼은 지 꽤 되었다. 그래야 어떤 일이든 겁내지 않고 시작할 수 있기 때문이다. 그리고 겉으로는 자신감이 넘쳐 보이지만 자기 의심도 심한 나는 스스로를 움직이기 위한 방법이 필요했다. 그게 바로 '자기 암시'다.

이는 해외에서 '자기 확언$^{\text{I am affirmation}}$'이라고도 불리는데, '나는$^{\text{I am}}$' 뒤에 자신이 바라는 모습의 단어를 넣어 스스로에게 말해주는 것이다. 과거에는 비과학적이라는 비판을 받기도 했지만 최근 뇌과학이나 인지과학, 실험심리학의 발달로 재조명되고 있으며 심리 치료를 위해 쓰이는 방법이기도 하다.

유튜브에 '드로우앤드류'를 검색하면 연관 검색어로 가장 먼저 '자기 암시'가 뜬다. 2년 전 첫 번째 책『럭키 드로우』를 출간하면서 아침 루틴으로 꾸준히 지켜오던 자기 암시 문장을 영상으로 만들어 공개했다. 그 뒤로 조회수가 꾸준히 늘어 현재는 170만 회를 넘겼다. 사실 그때 처음 영상으로 다루었을 뿐, 나의 자기 암시 루틴이 만들어진 시점은 미국에서 회사를 다니던 시절로 거슬러 올라간다. 나는 연고도 없는 미국에서 내 인생의 첫 번째 직장 생활을 시작하며 의지할 곳이 없어 많이 힘들었다. '한국에서 일을 좀 하다가 왔으면 나았을까?' 같은 생각을 자주 했고, 매일 아침 회사를 가기 위해 눈을 뜨면 '오늘 하루를 잘 보낼 수 있을까?' 하는 걱정이 나를 덮쳤다. 그래서 나는 자기 암시 문장들을 외우기 시작했다.

"나는 좋아하는 일로 행복하게 일한다."

이 문장으로 시작되는 자기 암시 문장들을 읊조리며 아침마다 스스로를 응원하며 하루를 시작했다. 이 확언에는 정말로 큰 힘이 있었다. 게으르고 피곤하기만 했던 나의 일상이 긍정적으로 바뀌는 걸 경험한 뒤로, 지금까지 꾸준히 자기 암시를 해오고 있다. 자기 암시 습관을 시작으로 이불 정리하기, 스트레칭, 차 마시기, 햇빛 쬐기, 플래너 쓰기 등 점차 아침 루틴이 늘어갔다.

하지만 나도 사람인지라 늦잠을 자거나 감기 몸살에 걸려 종일 침대에 누워 있을 때도 있고, 무기력에 빠져 아무것도 못하고 루틴 없이 엉망인 하루를 보내기도 한다. 그럴 때는 어질러진 방도, 커튼을 걷지 않아 깜깜해진 집도 그냥 그대로 두고 시간을 흘려보낸다. 대신 다음 날 벌떡 일어나 늘 해오던 루틴을 다시 이어간다. 마치 아무 일도 없었다는 듯이 말이다. 루틴을 지키지 못한다고 자책하지 않고 툭툭 털고 일어나는 것. 무너져도 다시 일어나게 해주는 힘, '회복탄력성'을 내 삶의 방식으로 가져온 것이다.

펜실베이니아 대학교 심리학과 교수이자 심리학자인 앤절라 더크워스는 자신의 책 『그릿』에서 성공의 필요 조건으로 '목표한 바를 열망하는 열정과 난관이 닥쳐도 포기하지 않는 끈기의 중요성'에 대해 말한다. 이를 위해 우리는 사고방식을 바꿔볼 필요가 있다.

"나는 게을러서 해봤자 안 돼."

만약 이런 문장을 무심코 떠올리며 자신이 가진 능력과 한계를 고정해놓고 새로운 일을 시도하지 않는 '고정형 사고방식'의 문장을 계속해서 내뱉는다면 역경의 순간에 비관적 해석을 낳을 수 있다. 그리고 이는 아예 도전 상황을 회피하거나 포기하는 행동으로 이어질 수 있다.

"나는 넘어져도 다시 일어나는 사람이다."

반면 이렇게 자신의 능력과 가능성을 인정하는 '성장형 사고방식'의 문장으로 바꿔 스스로에게 말해준다면 역경에 대한 낙관적 해석이 생겨나 새로 도전할 끈기가 생길 것이다. 결국이 한마디가 우리를 더 강한 사람으로 만들어줄 수 있다면 당신은 스스로에게 어떤 말을 해주겠는가?

이때 중요한 것이 바로 말과 행동을 일치시키는 것이다. 말로 희망을 키워줄 수는 있지만 거기에 더해 성장형 사고방식의 모범을 보이는 행동이 꼭 필요하다. "나는 오늘 주어진 일들을 잘해낼 것이다"라고 말만 하고 행동하지 않으면 자기 암시는 아무런 힘을 얻지 못한다. 그러니 자신이 쉽게 이루어낼 수 있는 작은 습관부터 삶에 더해보자. 아침에 눈을 뜨자마자 자기 암시를 하고 벌떡 일어나 이불을 정리하는 것만으로도 손쉽게 말과 행동을 일치시킬 수 있다.

이런 사소한 습관들이 '시도하는 것' 그 자체를 두려워했던 나에게 실패해도 다시 일어날 수 있다는 자신감과 끈기, 회복탄력성을 가져다주었다.

　그렇게 조금씩 발전하는 하루가 쌓일 때마다
　나는 내가 원하는 삶의 방향에
　조금씩 더 가까워지고 있다.

기분 좋은
하루를 시작하는

모닝 루틴
자기 암시

나는 오늘도 즐거운 마음으로 아침을 시작한다.

나는 지금 온전히 집중하여 나의 하루를 경영한다.

나는 오늘 나에게 주어진 일들을 아주 잘 해낼 것이다.

나는 정신이 맑고 또렷하다.

나는 긍정적인 에너지가 넘친다.

나는 어떤 일이든 해낼 준비가 되어 있다.

나는 넘치는 체력을 가지고 있다.

나는 용기와 자신감이 넘친다.

나는 모든 문제에 해결책을 가지고 있다.

나는 내가 하는 일에 능력이 뛰어나다.

나는 시간을 생산적으로 사용한다.

나는 집중력이 뛰어나다.

나는 창의력이 높다.

나는 상상력이 풍부하다.

나는 좋은 아이디어가 끝없이 나온다.

나는 매일 발전한다.

나는 무한한 가능성을 지니고 있다.

나는 도전을 두려워하지 않는다.

나는 늘 올바른 선택을 한다.

나는 오늘도 목표를 향해 달려간다.

나는 지금 필요한 모든 걸 갖췄다.

나는 무엇이든 해내고 만다.

나는 내 일에 선택권을 쥐고 있다.

나는 내 삶의 주인공이다.

4부

나를 지키며
성장하는 길로 나아가다

✳

"나만의 가능성을 향해
무한히 뻗어나가기"

성공한
사람이라는
착각

내 유튜브 채널에는 '그린룸 토크'라는 시리즈가 있다. 자신의 분야에서 크고 작은 성취를 이룬 사람들을 초대해 함께 이야기를 나누는 콘텐츠로, 그동안 직장인부터 유튜버, 사업가, 교수, 의사, 가수, 배우, 아나운서, 일타 강사 등 다양한 직종의 사람들이 자리를 빛내주었다. 그들의 울림 있는 이야기에 그린룸 토크는 제법 인기 있는 콘텐츠로 자리 잡았고, 나중에 성공해서 그린룸 토크에 출연하는 게 목표라고 이야기하는 구독자를 만나는 일도 많아졌다.

그린룸 토크는 모든 영상을 잘 살펴보면 알 수 있듯이, 사실 재미있고 유익한 이야기가 있다면 평범한 사람들도 출연할 수 있는 콘텐츠다. 공연장이나 TV 스튜디오의 출연자 대기실, 혹은 휴게실을 뜻하는 그린룸green room의 의미에 맞춰 자신의 인생을 주인공으로 사는 사람들의 대기실 대화를 엿듣는 콘셉트로 기획되었기 때문이다. 하지만 자기계발 채널의 특성상 조회수가 잘 나오기 위해서는 게스트가 이룬 성취를 썸네일에 강조해야 하기에 연봉, 매출, 자산, 학위 등과 같은 키워드를 부각시키다 보니 어느새 성공한 사람들만 나오는 곳이라는 오해가 생기고 말았다. 또 채널 규모가 커지면서 출연 제안이 많아져 진입 장벽이 높아진 건 사실이니 '성공한 사람들이 나오는 곳'이라는 말도 완전히 틀린 말은 아닐 것이다.

그렇다면 우리는 누구를 '성공한 사람'이라고 생각하고 있는 걸까. 20대의 나에게 소위 성공한 사람은 나같이 평범한 사람과는 아무런 관련이 없는, TV나 신문 기사에서나 볼 수 있는 그저 다른 세계의 존재였다. 하지만 유튜브 채널을 운영하며 그들과 직접 만나 대화를 나눌수록 내 오래된 생각은 점차 사라졌다. 실제로 그린룸 토크에 출연한 게스트들 중에서 스스로를 '성공한 사람'이라고 정의하는 사람은 없었다. 그저 성공으로 가는 길목에서 성취를 이뤄가는 사람이라고 여겼다. 그런데 성취가 곧 성공을 의미하지 않는다면, 우리가 좇고 있는 '성공'이라는 건 과연 무엇일까?

기업 경영과 리더십에 관해 이야기하는 미국의 작가 사이먼 시넥은 자신의 책 『스타트 위드 와이』에서 실제로 큰 성취를 얻은 사람이 반드시 성공했다고 느끼는 것은 아니라고 말한다. 성공과 성취가 서로 다른 것이기 때문이다. 그는 이를 설명하기 위해 한 현자의 말을 인용한다.

"돈으로 행복은 살 수 없다. 하지만 행복 옆에 있는 요트는 살 수 있다."

이 문장에서 성취는 바로 요트를 의미한다. 눈으로 쉽게 확인할 수 있고, 계획만 잘 세운다면 확실히 얻을 수 있는 물건인 셈이다. 반면 행복은 눈에 보이지도 않고, 좀처럼 정의할 수 없는 감정으로 '성공'을 뜻한다. 우리가 요트를 샀다고 해서 반드시 행복해질 수 없는 것처럼, 큰 성취를 얻었다고 해서 꼭 성공했다고 볼 수는 없다. 따라서 큰 성취를 얻은 사람이 반드시 성공했다고 보는 것은 크나큰 착각에 불과하다.

이처럼 성취는 어딘가에 도달하거나 무언가를 획득하는 일이며, 목표와 같이 확실하게 정의할 수 있고 측정할 수 있는 '형체'가 있다. 반면 성공은 자신이 무언가를 원하는 이유를 분명하게 알 때 이룰 수 있는 것으로 성취와는 다르다. 쉽게 말하면 성취는 '눈에 보이는 것'을 얻고자 하기에 그 자체로 우리를 움직이는 동기가 되지만, 성공은 우리의 내면 깊숙한 곳에 위치한 감정이 그 동기가 되는 것이다. 시넥은 이 설명을 통해 만약 이를 구분하지 못하고 눈에 보이는 성취만을 좇는다면, 결국 모든 성취를 이루고 난 뒤에 '공허함'에 빠질 수 있다 말한다. 그래서 우리는 늘 어떻게 해낼지보다 '왜 해야 하는가'부터 생각해봐야 한다.

성공은 끊임없이 '왜^{why}'를 찾아다닐 때 시작된다. 그리고 성취는 우리가 노력하는 길목에서 얻은 '무엇^{what}'이며, 이를 통해 옳은 길로 나아가고 있는지 확인할 수 있는 이정표와 같다. 따라서 성공이란, 반드시 '돈'과 같은 물질적인 것을 의미하지 않는다. 그러니 그동안 내가 그린룸 토크를 진행하며 들은 여러 사람들의 이야기는 '성공'이 아닌 '성취를 이룬 과정'에 가까운 것이다.

과거에 자신이 지니고 있던 문제를 해결하는 과정에서 얻은 결과물을 우리는 성공이라고 착각하고 있는 것은 아닐까? '성공'이라고 착각했던 것을 '성취'라고 생각해본다면 내 삶을 바라보는 관점도 바뀔 것이다.

나를 포함한 그린룸 토크의 출연자들은 지금도 열심히 발전하고 있고, 성공을 향해 달려가고 있는 '현재진행형'의 사람들이다. 그러니 그들이 이룬 성취를 보고 자신이 이룬 것과 비교할 필요는 없다. 사람마다 성공을 느끼는 기준이 다르다는 것을 이해하고, 나만의 'why(이유)'를 찾아 그 길을 가면 될 뿐이다.

그리고 그 길 위에서 나만의 'what(무엇)'을 찾았다면
언제든 그린룸 토크의 문을 두드려도 좋다.
그 이야기를 책으로 쓸 수 있다면 더 좋고!

그린룸 토크는 단순한 인터뷰가 아니다. 누군가의 성장을 목격하는 일이다.

'성공'이라고 착각했던 것을
'성취'로 바꿔 생각해본다면

내 삶을 바라보는 관점도
바뀔 것이다.

낭만은
비효율에서
온다

자기계발 콘텐츠를 만드는 사람으로서 시간 관리와 생산성은 중요한 키워드다. 그래서 나는 한정된 시간과 에너지를 잘 쓰기 위해 매일 아침 플래너를 쓰고 있다. 잠에서 깨어나면 가장 먼저 자리에 앉아 플래너를 펼치고, 그 달에 정한 나의 목표를 확인한다. 이내 곧바로 자기 암시 문장을 적어놓은 페이지를 펼쳐 소리 내어 읽고, 낭독이 끝나면 해야 할 일들을 살펴보고 포스트잇에 시간 순으로 적어 오늘의 계획을 세운다. 그리고는 계획에 맞춰 하루를 시작한다.

처음 플래너를 쓰기 시작한 건 문구 디자이너로 일하면서 소비자들의 마음을 이해하기 위해서였다. 그 뒤로 기록의 도구들은 다양해졌지만 8년째 여전히 종이로 된 플래너를 고집하는 이유는 직접 손으로 쓸 때 느껴지는 단단한 다짐이 좋기 때문이다. 그뿐 아니라 종이 플래너를 쓰면서부터 업무의 생산성이 눈에 띄게 좋아져 지금은 내게 꼭 필요한 물건이 되었다.

플래너에는 하루 계획뿐 아니라 주 단위의 계획도 매주 일요일 저녁마다 세우고 있다. '위클리 페이지'를 펼쳐 돌아오는 주의 목표를 적고, 그에 맞춰 해야 하는 업무들을 요일별로 적어두는 식이다. 그럼 미래에 대한 걱정은 사라지고 주어진 오늘 하루의 일에만 집중할 수 있게 된다. 업무를 지시하는 매니저^{manager}와 일을 처리하는 태스커^{tasker}가 각각 '플래너'와 '나'로 분리되니 쓸데없이 고민하다 시간을 버리는 일이 적어졌다. 또 머리로만 계획하던 일을 손으로 적으며 정리하다 보니 미뤄왔던 일을 바로바로 처리하게 되는 효과도 있었다.

무엇보다 생산성이 높아지자 자연히 여유 시간이 늘어나 더 많은 일을 할 수 있게 되었다. 지금 생각해보면 내가 회사를 다니며 유튜브를 시작할 수 있었던 것도 다 플래너 덕분이었다. 전업 크리에이터가 되고 나서 출근할 회사도, 일을 시키는 상사도 없어져 나태해지기 쉬운 상황이 되었을 때도 꾸준히 콘텐츠를 만들 수 있었던 것 역시 플래너를 쓰는 습관 덕이다. 그렇게 생산성이 높아지고 일을 할수록 좋은 결과물이 나오자 이

번에는 일을 멈출 수 없었다. 어느새 나는 점점 일 중독자가 되어갔다.

내가 일에 빠져 허우적거리고 있던 어느 날, 한 구독자로부터 이런 질문을 받았다.

"앤드류 님, 요즘 자주 듣는 노래가 뭔가요?"

순간 떠오르는 노래가 없어서 말문이 막혔다. 그 질문은 내게 큰 충격을 주었는데, 돌이켜 보니 일하는 재미에 빠져 지내는 동안 노래 대신 일에 도움이 되는 팟캐스트나 교육 콘텐츠만 듣고 있었단 사실을 깨달았기 때문이다. 그날, 나는 아주 오랜만에 스포티파이 앱을 켜 예전에 자주 듣던 재생 목록을 찾아봤다. 그곳엔 내가 바쁘게 사느라 잊고 있던 노래들이 가득했다. 단조로운 일상을 특별하게 만들어주던 내 취향이 가득 담긴 노래들…. 그제서야 일만 하며 숨 가쁘게 달려온 사이 놓치고 있었던 내 삶을 돌아볼 수 있었다. 모든 것에 효율을 따지느라 취향은 사라지고, 낭만이라고는 찾아보기 어려워진 삶. 그건 분명히 내가 원하는 삶의 모습은 아니었다. 그래서 난 내 삶의 낭만을 되찾아보기로 했다.

빠르고 편리하게 보낼 수 있는 문자보다 손으로 꾹꾹 눌러 쓴 편지가 울림이 크듯, 낭만은 비효율적인 것으로부터 나오는 것 같다. 배달 음식 대신 신선한 재료로 직접 음식을 요리해 먹는 일, 주요 장면들을 모아 편집된 요약본을 보는 대신 극장에서 영화 한 편을 온전히 보는 일, AI가 자동으로 만들어주는 재생 목록 대신 내가 직접 고른 음악을 듣는 일, 여행 콘텐츠를 보는 대신 직접 여행을 떠나보는 일 등 내 시간을 쏟는 일들이 취향과 낭만을 키운다. 돌이켜보면 나의 취향 역시 비효율적인 무언가를 할 때 만들어진 것이었다. 이것들을 내 인생에서 온전히 즐길 때, 나는 더욱더 나만이 할 수 있는 이야기들을 펼쳐나갈 수 있었다. 그 사실을 깨달은 날부터 내 플래너에는 조금씩 다른 것들이 적히기 시작했다. 효율성을 높이는 데 필요한 메모만이 아니라 그날 내가 누리고 느낀 것들로 빈칸을 채웠다.

오늘 나는 무엇을 했고, 누구를 만났으며, 어떤 이야기를 나누었고, 무슨 생각을 했는지, 어떤 감정이 들었는지 기록해나갔다. 그리고 한 달을 마무리할 때 그 기록들을 보며 월간 정산을 하기 시작했다.

- Person 이달에 만난 고마운 사람
- Place 이달에 방문한 인상적인 공간
- Food 이달에 맛있게 먹은 음식
- Movie 이달에 재미있게 본 영화

- Purchase 이달에 가장 잘한 소비
- Challenge 이달에 도전한 것
- Failure 이달에 실패한 것
- Song 이달에 즐겨 들은 노래
- Book 이달에 영감을 준 책
- Moment 이달에 가장 기억에 남는 순간
- 이달을 마무리하며 감사한 일들
- 이달에 가장 자랑스러운 일
- 이달에 마주한 개인적인 어려움
- 이달에 얻은 교훈

이렇게 사소하고 별일 아닌 일들을 기록하고 돌아보다 보면, 언젠가 그 안에 숨겨진 진짜 나를 마주할 수 있을 것이다. 내가 무엇을 좋아하고 싫어하는지, 나의 일상을 주로 채우는 것은 무엇인지를 알고, 더 나다운 것들로 인생을 채워가 보는 거다. 효율과 비효율의 밸런스를 잘 맞추는 것 또한 더 나은 삶을 위한 자기계발이 아닐까?

가끔 효율 대신 비효율에 기대어보자.
나를 나답게 하는 낭만은 비효율에서 온다.

굳이
해보는
행동의 씨앗

03

"어떤 삶을 살고 싶나요?"

이 질문에 많은 사람들이 '후회 없는 삶'을 살고 싶다고 답한다. 그리고 이들 중 일부는 정말 그러한 삶을 살기 위해 최선을 다해 공부하고 일한다. 나 역시 그렇게 살아왔기 때문일까? 최선을 다하는 이들에게 열심히 사는 것도 좋지만 그 안에서 낭만을 잃어버리지 않았으면 좋겠다고 말해주고 싶다.

나는 기회만 생기면 새로운 일에 도전해보곤 한다. 몇 달 전에는 연기 학원을 3개월 정도 다녔다. 그러자 주변 사람들은 모두 이런 반응을 보였다. "연기는 대체 왜 배우는 거야? 배우하려고?" 익숙한 반응이었다. 내가 늘 새로운 걸 시도할 때마다 들어왔던 말들이기 때문이다. 호주로 워킹 홀리데이를 떠났을 때도, 한 시간에 20만 원을 주고 캘리그래피를 배웠을 때도, 유튜브를 시작했을 때도, 가구를 만들 때도, 심리 상담을 받는다고 할 때도 사람들은 늘 같은 질문을 해왔다.

"그거 해서 뭐 할 건데?"

그들은 마치 내게 결과물을 요구하는 것 같았다. 모든 일에서 바로 결과물이 나오는 것도, 꼭 무언가를 이뤄야 하는 것도 아닌데 말이다. 모든 일에 꼭 목표와 이유가 있어야 할까? 그냥 재미있어 보여서, 호기심에 해볼 수도 있는 거 아닐까?

만약 시도하는 모든 일에서 성과를 기대한다면 삶은 점점 각박해질 것이다. 새로운 것을 해보려다가도 "굳이 이걸?"이라는 생각에 주저하게 되고, 시간과 돈을 투자한 만큼 결과물을 얻을 수 있을까 하는 걱정에 도전을 망설이고 만다. 하지만 이 "굳이?"라고 생각했던 일들이 우연치 않게 내 인생에 영향을 주는 경우도 많다.

지난해, 길고 길었던 코로나19가 잠잠해져 미국으로 출장을 떠났다. 한국에 돌아온 지 3년 만에 다시 간 미국이었다. 바쁘게 움직이며 출장을 마무리한 나는 곧장 내 20대의 추억이 가득한 LA로 향했다. 아직 거기서 살고 있는 친구 집에 머무르며 과거 내가 자주 갔던 식당과 카페 등 당시의 기억을 따라 정신없이 돌아다녔고, 금세 2주가 흘러 나는 어느새 한국행 비행기에 오르기 위해 급히 짐을 싸고 있었다. 그때 친구가 상자 하나를 내게 내밀었다. 3년 전 내가 한국으로 돌아가면서 맡기고 간 짐이라고 했다. 열어보니 그 안에는 내가 까맣게 잊고 있었던 물건들이 가득 들어 있었다. 이걸 하나씩 다 열어보다가는 비행기를 놓칠 것 같아 친구에게 고맙다는 말을 남기고는 대충 캐리어에 쑤셔 넣고 한국으로 돌아왔다.

집에 도착해 친구에게 받은 상자를 열어보자, 그 안에는 종이가 든 콜라병이 하나 있었다. 그 병 속에 있던 종이의 정체는 다름 아닌, 3년 전 내가 나에게 쓴 편지였다.

"앤드류, 너는 지금 한국으로 돌아가는 짐을 싸고 있어. 지난 5년간 참 고생이 많았다. 수고했어. 힘든 일도 많았지만 이런 좋은 곳에서 20대를 보낼 수 있었던 것은 참 축복이었고 감사한 일이지. 정이 많이 든 이곳을 떠나는 것이 힘들고 아쉽겠지만 지금 이 결정이 네가 할 수 있는 최선의 선택이고 최고의 선택이라는 걸 잊지 마. 그렇게 너는 5년간 최고의 선택을, 최선의 선택을 하며 살았고, 너와의 헤어짐을 슬퍼하는 많은 사람들이 있다는 것만으로 참 감사하고, 네가 얼마나 소중하고 괜찮은 사람이었는지 대변해주는 거니까. 나중에 이곳에 꼭 다시 오자. 꼭 성공해서 내가 한 선택이 옳았다는 걸 증명하자. 그렇게 지금의 선택을 최선이 아닌 최고의 선택으로 만들자."

—2020년, 미국을 떠나오기 전에 쓴 편지

그날 나는 그 편지를 손에 들고 꺼이꺼이 목 놓아 울었다. 당시 나는 꽤 심각한 번아웃과 우울감에 시달리고 있었는데, 아무도 나를 이해하지 못할 거라 생각했던 시기에 과거의 나로부터 위로를 받게 된 것이다. 미국을 떠나며 썼던 편지가 몇 년 후의 나를 위로해줄 거라고는 그땐 미처 상상도 하지 못했다.

이렇듯 무엇인가를 군이 해보는 행동은 언젠가를 위한 씨앗을 심는 것과 같다. 그 씨앗이 자라 언제, 어디서, 어떤 결과물을 가져다줄지는 모르지만 우선 심어보는 거다. 워킹 홀리데이에서 배운 영어로 미국 인턴십에 합격할 줄 누가 알았을까? 또 미국에서 배운 캘리그래피로 한국에서 굿즈를 만들어 판매하게 될 줄은 나도 몰랐다. 3년 전 편지가 지금의 나를 위로해준 것처럼 당신이 오늘 심는 씨앗 하나가 어떤 결과를 불러올지는 아무도 모른다.

당신은
요즘 어떤

씨앗을
심고 있나요?

명함을
대체하는
키워드

전업 크리에이터로 살아온 지난 5년 동안 나는 수많은 사람을 만났다. 만난 사람의 수만큼 내 서랍에는 수백 장의 명함이 쌓여 있다. 그런데 정작 그 안에 내 명함은 없다. 마지막 회사를 나오면서부터 나는 명함 없이 일하고 있기 때문이다. 내가 명함의 필요성을 느끼지 못하는 데에는 이유가 있다. 대부분의 업무 소통을 이메일을 통해 하고 있어 상대의 명함을 찾아 연락할 필요가 없을뿐더러, 상대방조차 내 연락처를 명함이 아닌 온라인에서 찾는 시대가 되었다고 생각하기 때문이다. 물론 첫 만남에서 인사로 명함을 주고받는 것이 매너라고는 하나, 사실 나는 그동안 큰 불편함을 느끼지 못했다. 이 외에도 내가 명함 없이 일하는 이유 중 하나는 바로 과거의 경험 때문이다.

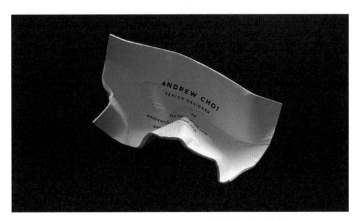

내 명함은 회사를 옮길 때마다 비슷하게 만들어지고 또 버려지기를 반복했다.

나는 총 네 번의 이직을 했다. 회사를 옮길 때면 그전에 쓰던 명함은 버려졌고, 나는 회사의 로고만 바뀐 새 명함을 받았다. 네 번의 이직을 했지만 늘 똑같은 수순이었다. 아마 백 번의 이직을 해도 똑같을 것이다. 그러다 보니 '이게 무슨 의미가 있지?'라는 생각이 들었다. 물론 모두가 명함 없이 일해야 한다는 소리는 아니다. 다만, 내가 정말 명함이 필요한 사람인지에 대해 한번 생각해보자는 거다.

회사에 소속되어 일할 때, 나는 모든 분야에서 뛰어난 역량을 보이는 꽉 찬 육각형의 사람이 되려고 노력했다. 그래야 회사에서 인정받고 더 빨리, 더 높게 올라갈 수 있다고 믿었다.

그렇게 두루두루 잘하는 사람이 되기 위해 열심히 노력한 결과, 나는 아주 작은 육각형이 될 수 있었다. 그래서인지 나는 어떤 회사에 가도 크게 모나지 않은, 필요한 조각이 되어 조직에 잘 끼워 맞춰질 수 있었다.

하지만 그럴수록 나는 회사에 꼭 필요한 사람이 아니라 회사의 부품처럼 느껴졌다. 내가 회사에 맞추려 노력하면 모든 게 다 해결될 줄 알았는데 그게 아니었다. 그 과정에서 내가 느낀 건 회사 생활이 언뜻 연애와 비슷한 점이 많다는 것이다. 세상에 만날 사람이 많은 것처럼, 회사 역시 아주 많다. 그러나 누군가에게는 좋은 사람이 나에게는 맞지 않을 수 있는 것처럼, 회사 역시 마찬가지였다. 규모가 크고 복지가 좋아 인기가 많은 회사라고 한들, 나와 맞지 않는다면 그게 다 무슨 소용이란 말인가.

그러니 이제는 회사에 나를 맞추는 대신, 나에게 맞는 회사를 찾아야 한다. 그리고 그 회사에 필요한 사람이 되어야 한다. 그렇다면 회사는 어떤 사람을 필요로 할까? 고용인과 고용주의 입장에서 모두 일해보면서 느낀 점은, 회사는 두루두루 잘하는 사람보다 한 가지를 확실히 잘하는 사람에게 더 중요한 일을 맡긴다는 것이다. 바로 세스 고딘이 말하는 대체될 수 없는 사람, '린치핀'에게 말이다.

"오랫동안 평범한 조직에서 평범하게 일하는 평범한 일꾼이 되기 위해 힘들게 배우고 노력했지만, 이제 사회는 튀는 사람이 되라고 강요한다. 하지만 규칙이 바뀐 사실을 뒤늦게 깨우칠 것이다. 이제 성공하는 유일한 길은 남들보다 눈에 띄는 것이다. 사람들 사이에서 회자되는 것이다."

—세스 고딘, 『린치핀』(라이스메이커)

세스 고딘은 성공하는 유일한 길은 '남들보다 눈에 띄고 사람들 사이에서 회자되는 것'이라고 설명한다. 사람들은 누군가에 대해 이야기할 때 가장 먼저 '무슨 일을 하는 사람인지'부터 말한다. 그러니 자신의 분야에서 눈에 띄는 성과를 내어 자연스럽게 사람들 사이에서 회자되는 이들에게는 명함이 필요 없다. 이처럼 그 자신이 작품인 사람은 무엇과도 대체될 수 없는 린치핀이 되고, 린치핀은 그 자체로 곧 명함이 된다. 결국 중요한 건 회사와 내 이름이 적힌 명함이 아니라 내가 어떤 키워드에서 대체될 수 없는 사람이 될 수 있는가다.

그래서 나는 늘 어떤 키워드를 떠올렸을 때 내가 함께 떠오르길 바란다. 그래서 퍼스널 브랜딩, 자기계발, 프리 워커, 성장 등의 키워드를 내 것으로 만들기 위해 콘텐츠를 만들고, 그 안에 내 이야기를 담아내고 있다. 그리고 키워드를 보면 나를 떠올릴 수 있도록 나만의 이름을 붙여 사람들에게 전했다.

#드로우마이브랜드
#그린룸토크
#그린이집북클럽
#디어마이20's
#럭키드로우
#업사이클링

이 콘텐츠들이야말로 곧 내 이력서이자 명함이다. 그렇게 나는 사회가 원하는 꽉 찬 육각형 인재는 되지 못했을지 몰라도, 대신 나만의 장점을 살린 열쇠를 담은 아주 크고 뾰족한 삼각형은 될 수 있었다.

나는 그동안 회사를 옮긴 횟수만큼 내 이름이 새겨진 명함을 받고, 또 버리기를 반복했다. 하지만 나만의 키워드를 갖게 된 지금, 나는 명함 없이 일하고 있다. 지금 이 책을 읽고 있는 당신도 '대체할 수 없는 나만의 키워드'를 찾게 되기를 바란다.

부족함이
삶의
원동력이 된다면

나는 참 부족한 게 많은 사람이다. 기질적으로 회피 성향을 타고났고, 자극 추구형이라 기복이 심하며 그로 인해 쉽게 스트레스를 받는다. 또 충동적이고 산만한 편이라 매사에 꼼꼼하지 못하다. 처음에는 이런 나의 모습을 모두에게 숨기고 싶었다. 자기계발 크리에이터에겐 치명적인 단점이기도 하고, 이 약점들을 드러내는 순간 이것이 곧 나에게 화살이 되어 돌아올 것만 같았기 때문이다. 그래서 영상 뒤의 진짜 나는 그런 모습을 가지고 있을지라도 영상에서 만큼은 밝고 건강하고 자신 있는 모습만 보이며 살아왔다. 그 또한 나의 일부이고 그게 사람들이 원하는 모습일 거라고 생각했다.

그러던 어느 날 사건이 터지고 말았다. 평소처럼 유튜브 영상을 촬영하다가 내가 돌연 울음을 터뜨리고 만 것이다. 당시 내 유튜브 채널은 가파르게 성장하고 있었고, 첫 번째 책인『럭키 드로우』는 출간 일주일 만에 10쇄를 찍었으며, 여러 도시에서 진행한 북토크는 팬데믹 시기였음에도 매진 행렬이 이어지고 있었다. 유명 잡지와 언론사의 인터뷰가 이어졌고, 성수동에서 팝업 스토어를 열어 굿즈를 완판시키는 등 월 매출 1억이 넘는 수익을 달성한 해이기도 했다. 겉으로 보기에는 순풍에 돛을 단 듯 빠르게 전진하고 있는 것처럼 보였지만 내 속은 그렇지 않았던 거다. 당시의 나는 그 어느 때보다 불안하고 무서웠다. 사람들이 칭찬하고 좋아해줄수록 내가 숨기고 있던 부족함이 이 모든 성과들을 물거품처럼 만들어버릴 것만 같았다.

살얼음판 위에 세워둔 자신감은 마음이 요란하게 흔들리자 금세 금이 가기 시작했고, 결국 카메라 앞인 것도 잊은 채 팀원들 앞에서 처음으로 눈물을 보이고 말았다. 당황한 팀원들은 나를 진정시키고 촬영은 다시 하면 된다고 위로해주었다. 조금 진정이 된 후에 그날 찍은 영상을 다시 보는데, 밝은 표정으로 다시 찍은 것보다 처음 찍은 영상이 진짜 내 모습이라는 생각이 들었다. 그렇게 나는 그 영상을 그대로 올리기로 했다.

영상이 올라가자 수많은 응원의 댓글이 쏟아졌다. 그동안 영상을 통해 나의 성장 과정을 지켜봐준 구독자들의 진심 어린 위로와 격려였다. 또 주변의 동료 크리에이터들도 전화와 문자 메시지를 통해 내가 겪은 어려움에 깊이 공감해주었고, 응원의 말을 잊지 않았다. 그 일이 있은 후 팀원들과도 더 돈독해져서 서로의 부족함과 어려움을 채워주는 사이가 될 수 있었다. 나의 부족함을 드러낼수록 오히려 그 부족함에서 자유로워질 수 있다는 걸 그때 배웠다.

그날 이후 나는 카메라 앞에서 더 자연스러운 모습을 보일 수 있게 되었고, 조금 부족하더라도 나를 있는 그대로 보여주어도 괜찮다는 생각이 들자 점차 용기와 자신감도 되찾을 수 있었다. 그렇게 조금씩 나아지고 있던 어느 날, 이번에는 강연을 하다 눈물이 터져 버렸다. 번아웃 시기에 있었던 에피소드를 이야기하다 감정을 조절하지 못한 것이다. 사람들에게 동기부여를 해주러 올라간 자리에서 강연자가 울다니…. 순간 강연을 망쳤구나 싶었는데, 이내 강연장 곳곳에서 나와 함께 눈물을 흘리는 사람들이 보이기 시작했다. 강연이 끝나고 큰 박수가 이어졌고, 내 손을 잡으며 그동안 들었던 강연 중에 최고였다고 말해주는 사람도 있었다. 이런 경험을 통해 내가 가진 부족함을 드러내고, 나 역시 함께 성장하고 있음을 보여주는 것이 사람들에게도 힘이 된다는 사실을 깨달았다.

일본의 베스트셀러 작가이자 IT 비평가인 오바라 가즈히로는 자신의 책 『프로세스 이코노미』에서 기술 발전에 따라 좋은 상품이 넘쳐나는 시대에 필요한 건 아웃풋이 아닌 프로세스라고 말한다. 즉 상품 대신 과정을 파는 전략을 세워야 한다는 것이다. 지금의 업계는 어떤 일을 시작하든 이미 시중에 나와 있는 고품질의 상품들과 경쟁할 수밖에 없다. 이 말인즉, 후발 주자의 진입 장벽이 너무 높아졌다는 뜻이다.

유튜브 역시 이미 방송국과 대형 스튜디오가 유입되며 높은 퀄리티의 영상들이 수없이 쏟아져 나오고 있다. 그럼에도 매년 개인이 운영하는 새로운 채널들이 등장하고 또 인기를 얻는다. 그들은 아웃풋, 즉 완벽한 퀄리티의 영상을 보여주기보다 프로세스, 즉 성장하는 과정을 공유한다. 그 성장 과정을 지켜본 사람들은 공감을 느끼고 곧 열광의 단계로 간다. 그리고 그 마음은 곧 애착이 되어 이 사람이 아니면 안 된다는 마음으로 이어지고 세상에 하나뿐인 존재라는 인식을 갖게 한다. 그렇게 수동적인 신뢰는 능동적인 응원으로 발전하며 하나의 커뮤니티를 형성하게 된다.

그간 나는 〈드로우앤드류〉 채널에서 사람들에게 가치를 제공해야 한다는 압박감을 크게 느꼈다. 메신저인 나는 누구보다도 에너지가 넘치는 사람으로 보여야만 한다고 생각했다.

그래야 그 모습을 보고 사람들이 '나도 해볼까?' 하는 마음이 들 거라고 확신했기 때문이다. 그러나 내가 다른 사람들과 똑같이 불안하고 부족한 점이 많으며 성장하는 과정 중에 있다는 것을 보여주었을 때, 진짜 나를 좋아해주는 사람들을 만날 수 있었다.

나에게는 조금 부족한 모습일지라도 응원을 건네주는 '그린이'라는 애칭의 구독자들이 있다. 나는 영상을 통해 내 부족함과 어려움을 이겨내는 과정을 공유하고, 그린이들은 댓글을 통해 각자의 경험을 이야기하며 서로를 응원하고 위로한다. 그렇게 각자의 '부족함'은 우리를 연결해주는 끈끈한 연결 고리가 되었고, 우리는 서로의 성장을 지켜봐주는 든든한 목격자가 되어주고 있다.

부족함은
부끄럽지 않다.

서로가
서로의

부족함을
이해할 때,

나를 응원해주는 그린이들의 존재가 나를 더 성장하게 한다.

우리는 더 멋지게
성장할 수 있다.

나에게
번아웃은
사치다

이야기를 시작하기 전에 먼저 '번아웃은 사치다'라는 말에 대한 오해를 풀고 가고 싶다. 우선 번아웃은 '우울증'과는 다르다. 번아웃은 한 가지 일에 몰두하는 사람이 정신적, 육체적 피로를 느껴 무기력해지는 것을 뜻하는 말로, 그 정도가 심해지면 우울증까지 가는 경우도 있지만 그렇지 않은 경우도 있다. 즉, 내가 여기서 말하고자 하는 번아웃은 '정신질환'으로 구분되는 수준이 아니라는 뜻이다. 그런 의미에서 나에게 번아웃은 사치가 맞다. '사치'라는 단어가 가진 '호화로움'이라는 뜻처럼, 번아웃은 늘 내가 목표한 바를 충분히 이루었을 때 찾아왔기 때문이다.

전업 크리에이터가 된 첫해, 나는 난생처음으로 억대 수익을 얻었다. 그 돈으로 부모님의 빚도 조금 갚아드리고 차도 바꿔드릴 수 있었다. 다음 해에는 조금 더 넓고 한강이 보이는 오피스텔로 이사했고, 팀원을 꾸려 전년도보다 두 배 높은 수익을 달성하기도 했다. 당시 나는 목표도 뚜렷했고, 노력한 만큼 계속해서 좋은 결과를 얻자 성취하는 맛에 취해 하루하루 최선을 다해 일했다. 그리고 이듬해 내 성장기를 담은 책 『럭키 드로우』가 세상에 나왔다. 이 책은 나오자마자 자기계발 분야 1위에 오르며 베스트셀러가 되었고, 나는 기쁜 마음에 새벽마다 순위를 확인하느라 날밤을 새기도 했다. 책 출간 덕분에 그해에는 외부 활동이 많았고, 인터뷰와 북토크로 빈틈 없는 시간을 보냈던 듯하다.

문제는 그때부터 시작되었다. 구독자 수도 많이 늘고, 나를 찾는 곳도 많아지는 등 유튜브를 처음 시작했을 때 꿈꿨던 모습이 현실이 되자 더 이상 이뤄야 할 목표가 없어진 것이다. 그 뒤로도 여러 프로젝트를 성공적으로 마치며 수익은 더 늘었지만 공허함은 여전했다. 무얼 해도 재미있지 않았고 더는 의욕도 생기지 않았다. 일을 계속하면서도 왜 이 일을 해야 하는지 스스로 납득하기 어려웠다. 휴식이 부족한 탓인가 싶어 잠시 일을 쉬어보기도 하고, 여행도 떠나봤지만 효과는 잠시일 뿐 궁극적인 해결책이 되진 못했다. 그 기간이 꽤 긴 시간 지속되자, 내가 번아웃에 빠졌다는 사실을 인정할 수밖에 없었다.

그렇게 번아웃의 원인을 찾기 위해 내 지난날을 돌아보기 시작했다. 호주 워킹 홀리데이 시절 일주일에 7일을 투잡을 뛰며 일했을 때도, 3년간 휴가 한 번 내지 않고 회사를 다녔을 때도 번아웃은 없었다. 하지만 예전에 쓴 일기장을 찾아 읽다 보니, 나도 모르던 사이 이전부터 크고 작은 번아웃을 겪고 있었단 사실을 알게 되었다.

첫 번째는 미국에서 디자이너로 어느 정도 자리를 잡았을 때
두 번째는 〈드로우앤드류〉로 자리를 잡았을 때
세 번째는 세컨드 채널 〈마세숲〉이 자리를 잡았을 때였다.

처음에는 초심을 잃은 것이 번아웃의 원인인 줄 알았다. 일을 하지 않으면 당장 생계를 걱정해야 했던 때는 오지 않던 번아웃이 먹고살 만해지니 오는 걸 보고 그렇게 생각했던 거다. 일부는 맞지만 이건 정확한 이유는 아니었다. 내가 겪은 번아웃들의 공통점은 성취감이었다.

디자이너로 어느 정도 목표한 바를 이루자 더 이상 성취감을 느끼기 어려워졌다. 그래서 나는 그 무기력함을 유튜브를 시작하며 이겨냈고, 〈드로우앤드류〉로 찾아온 번아웃은 다

시 〈마세숲〉 채널을 시작하며 피해 갈 수 있었다. 그렇게 번아웃으로 인한 무기력을 겪고 있을 때에도 나를 움직일 수 있었던 것이다. 아무리 좋아하는 일을 하더라도 그 일에 익숙해지고 목표한 바를 이뤄 필요 이상의 돈과 성취감을 얻을 때마다 나는 번아웃을 느꼈다. 여기까지 생각이 미치자 결론을 내리는 건 오히려 쉬웠다.

"내게 번아웃은 사치구나.
지금 하는 일이 익숙해진 것이고,
이제 새로운 도전을 할 시기구나."

이 번아웃을 해결하는 방법은 단 하나였다. 내가 느끼고 있는 무기력한 감정을 수용하고 새로운 일에 도전하는 것. 그래서 나는 번아웃이 찾아올 때마다 다른 일을 찾아 나섰다. 지역 농가를 살리겠다며 고창으로 내려가 발사믹 식초 브랜드를 만드는 프로젝트에 참여하기도 했고, 돌연 연기를 배우겠다며 학원에 등록하기도 했다. 문구 디자이너였던 경력을 살려 자기계발 키트를 만들어보기도 했고, 지금은 또 새로운 도전을 준비 중이다. 그렇게 해보지 않은 일에 도전하고 배우며 본업에서는 느낄 수 없었던 또 다른 성취감을 얻으며 서서히 번아웃을 극복하고 있는 중이다.

번아웃은 우리를 힘들게 하지만, 다르게 생각하면 '내가 하는 일에서 이렇게나 진심으로 노력했구나'를 보여주는 척도 같기도 하다. 만약 지금 당신에게 번아웃이 찾아왔다면, 시간을 사치스럽게 쓰면서 푹 쉬고 새로운 일에 눈을 돌려보길 바란다. 자신에게 찾아온 번아웃을 수용하고 스스로에게 작은 성취감을 조금씩 선물해주면 좋겠다.

번아웃은
내게

오히려
다시 일어설 수 있는
힘을 주었다.

무례한
사람으로부터
나를 지키는 법

영상과 글에서 자주 이야기한 바와 같이 나는 내 시간과 에너지를 굉장히 중요시한다. 돈은 빌려서 쓸 수 있지만, 시간과 에너지는 그럴 수 없는 매우 한정적인 자원이기 때문이다. 그래서 나는 자신의 시간을 아끼고자 무례한 부탁을 해오거나, 시간 약속을 잘 지키지 않는 등 내 시간과 에너지를 배려하지 않고 하찮게 만드는 사람들을 좋아하지 않는다. 누군가의 시간을 함부로 낭비한다는 건, 그 사람을 만만하게 보는 것과 같다고 생각하기 때문이다. 하지만 그렇다고 해서 그들의 부탁을 거절하고 부당한 일에 소리를 높이는 게 쉬운 일은 아니다. 특히 돈 없고 백 없는 사회 초년생 시절에는 특히 이런 상황을 마주할 때가 많았다.

나 역시 20대 초반에 비슷한 일을 겪었다. 호주에 도착해 처음으로 일했던 스시 집에서 있었던 일이다. 당시 최저 시급이 19달러였던 호주에서 나는 시급 10달러를 받으며 일하고 있었다. 그러던 어느 날 주방 보조로 일하던 친구가 떨어뜨린 칼에 종아리를 찔리는 사고를 당했다. 날카로운 칼에 찔려 극심한 통증이 몰려왔지만 사장님은 내 상처를 살피기는커녕 어서 다시 일하라고 호통을 쳤고, 나는 상처 난 곳을 확인하지도 못한 채 그날의 근무 시간을 다 채워야 했다. 퇴근할 때가 되어서야 다리를 확인할 수 있었고, 종아리에는 흰 양말이 빨갛게 다 젖을 정도로 심한 상처가 나 있었다. 사람이 다쳐도 확인할 생각도 하지 않는 사장님의 태도에 실망한 나는 그날로 일을 그만두었다. 그렇게 마지막 월급을 받으러 간 날, 사장님은 내 시급을 10달러가 아닌 7달러로 계산했다. 사장님의 말에 따르면 내가 오래 일할 줄 알고 10달러를 주겠다고 한 것인데, 그만둔다고 했으니 7달러를 줄 수밖에 없다는 거였다. 그뿐 아니라 당시 가게의 메뉴판 디자인도 내가 했지만 그 작업 비용 역시 받지 못했다. 이건 부당하다며 소리치고 돈을 받아내야 했지만, 그때가 첫 사회생활이었던 나는 위축되어 아무 말도 하지 못하고 식당을 나올 수밖에 없었다.

이뿐 아니라 대학생 시절에도 부탁받은 디자인을 해주고 제대로 된 작업비를 받지 못한 경우가 몇 번이나 있었고, 아르바이트생인 내게 업무 외에 사적인 심부름을 시키는 사장님들도 있었다. 물론 요즘도 친분을 이용해 무료 강연이나 컨설팅 혹은 홍보를 해달라는 부탁을 받을 때가 있다. 물론 친한 사람들의 부탁은 흔쾌히 들어줄 수 있으나 때로는 들어주기 어려운 무리한 부탁도 있다. 그래서 나는 '무리한 부탁을 잘 거절하는 법'을 연습해야 했다.

먼저 나는 무리한 부탁을 받으면 바로 답장하지 않고 시간을 끈다. 생각할 시간이 필요하다고 말하거나, 지금 당장은 어렵지만 다음 주에 다시 이야기해보자고 말하는 등 그들에게 다른 방법을 찾을 시간을 준다. 때로는 시간이 걸리는 조건을 붙이는 경우도 있다. 예를 들어 디자인을 의뢰받았다면 지금 당장은 작업하기 어려우니 다른 디자이너에게 먼저 의뢰해보고, 그럼에도 정 필요하면 다시 요청해달라고 말해보는 거다. 부탁하는 사람과 나 사이에 '시간'이라는 조건을 두어 거리를 확보하면 대부분의 경우 의뢰자는 그 시간 동안 기다리지 않고 스스로 해결책을 찾는다. 혹 해결책을 찾지 못한다고 하더라도 급한 사람은 내가 아니므로 거절할 명분을 가질 수도 있다.

그럼에도 거절하기 어려운 상황이라면 '거절할 수밖에 없는 이유'를 만든다. 예를 들면 다른 사람을 언급하며 거절해보는 거다. 도와주고 싶은 마음은 크지만, 함께 일하는 사람이나 소속된 회사의 허락이 필요해 도움을 주기 어렵다고 말해보는 거다. 나쁘게 보면 핑계를 대고 거절에 대한 책임을 전가하는 모습으로 비칠 수 있지만, 부탁하는 사람과 거절하는 사람의 기분 모두 상하지 않을 수 있는 좋은 방법 중 하나라고 생각한다.

만약 이런 방법도 통하지 않는다면 스스로가 '아쉬울 게 없는 사람'이 되어야 한다. 세상에서 가장 무서운 사람은 돈이나 권력을 가진 사람이 아니라 아쉬울 게 없는 사람이다. 무리한 부탁을 들어주면서까지 이 일을 할 필요가 없다는 걸 보여주는 거다. 이건 내가 학생이든 아르바이트생이든 인턴이든 상관없다. 그저 당신은 나를 필요에 의해 고용한 것이고, 나 또한 그에 맞는 보상을 기대하고 일을 할 뿐이라는 점을 명확히 알려주는 것으로 충분하다. 그리고 보상이 적절하지 않다면 그 일을 그만두고 다른 일을 하면 된다. 놓친 것이 아깝지 않을 정도로 아쉬울 게 없는 사람이 되면 된다.

반대의 경우도 마찬가지다. 만약 당신이 누군가에게 무리한 부탁을 했고, 상대방이 이를 흔쾌히 받아주었다면 그 사람은 만만한 게 아니라 당신을 배려해주는 사람이라는 사실을 기억하자. 나 역시도 무례하다고 느낄만한 부탁이라면 그건 다른 사람에게도 마찬가지다. 무례한 사람으로부터 자신을 지키고 싶다면 스스로 먼저 바뀔 수 있어야 한다.

미움에
대처하는
자세

유튜브 크리에이터로 살면서 많은 사람들에게 사랑을 받고 있지만, 그만큼 누군가에게는 미움을 받기도 한다. 외모 지적으로 시작해 말투, 목소리, 사용한 단어, 나중에는 내 인성까지 들먹이며 욕하는 댓글이 달리기도 한다. 나도 사람인지라 이런 댓글을 보며 '내가 뭘 잘못했나' 싶은 마음에 우울해지기도 했고, 똑같이 미운 말로 되받아치며 많은 사람이 볼 수 있도록 댓글을 고정해두기도 했다. 하지만 시간이 지나자 그들에게도 사정이 있겠거니 하며 조금씩 마음을 다스리는 방법을 찾아갔다.

꼭 유튜브를 하지 않더라도 우리는 살아가면서 여러 가지 모습의 미움을 마주한다. 시기와 질투로 미운 말을 뱉는 사람이 있는가 하면, 이유도 없이 나를 싫어하는 사람도 만나게 된다. 만약 내가 잘못을 했다면 사과를 할 수 있겠지만, 이유를 모를 때는 난처하기만 할 뿐이다.

데일 카네기는 자신의 책『데일 카네기 자기관리론』에서 "죽은 개를 걷어차는 사람은 없다"고 말하며 이런 말을 덧붙인다.

"당신이 두들겨 맞거나 비판을 받을 때, 가해자는 자신이 대단한 사람이라는 기분을 느끼기 위해서 그렇게 한다는 사실을 기억하라. 그런 경우는 대체로 당신이 훌륭한 일을 해냈거나 주목을 받을 만한 가치가 있는 사람임을 증명해준다."
—데일 카네기, 『데일 카네기 자기관리론』(현대지성)

누가 우리를 비난하는 것 자체가 반대로 우리가 훌륭한 일을 하고 있다는 사실을 증명하는 일이라니! 나는 이 말 덕분에 이유 모를 타인들의 모진 말들을 이해할 수 있었다. 만약 누군가 나를 이유 없이 비난하거나 미워하면 "내가 그 사람의 결핍이나 상처를 건드렸구나"라고 생각하며 그들의 말을 무시할 수 있게 됐다. 누구에게나 결핍과 상처가 있고, 우리는 서로를 모두 이해할 수 없기에 의도치 않게 서로 상처를 주고받을 수 있다. 하지만 나를 잘 모르는 사람들의 말에 상처받을 필요는 없다.

그보다 더 큰 문제는 나를 잘 아는 사람에게서 미움을 받을 때다. 그중 가장 무서운 건 자기혐오, 나 스스로를 미워하는 것이다. 혹시 자기 자신이 너무 싫어지는 경험을 해본 적이 있지 않은가? 나 역시 한때 극심한 자기혐오에 빠져 있던 시기가 있었고, 그때 내 머릿속은 이런 생각들로 가득했다.

　　나는 왜 이렇게 행동하지?
　　나는 왜 이것밖에 안 되지?
　　나는 왜 이렇게 부족하지?
　　나는 왜 늘 이 모양이지?

　　자기혐오가 한창 심할 때는 나를 욕하는 글을 일부러 찾아다니며 읽은 적도 있다. 내가 나에게 그랬던 것처럼 나를 비난하는 사람들의 글을 보며 '그래, 다른 사람 눈에도 이렇게 보이는구나'라며 일종의 자기 파괴적인 위안을 얻었다. 이런 정신적 자해에 가까운 행동을 반복하다가 문득 문제가 심각해졌음을 깨달은 내가 나를 미워하는 이 슬픈 시간에서 벗어나기로 마음먹었다.

　　그때 언젠가 들었던 한 심리학자의 말이 떠올랐다.
　　"인간의 행동을 결핍으로 바라보면 다 이해가 된다."

그렇다면 내가 나를 미워하는 것도 내면의 결핍으로 바라보면 이해할 수 있지 않을까? 그렇게 나는 내 속의 모든 감정들을 쏟아냈다. '나는 나를 왜 미워할까? 그 결핍은 어디서 온 걸까?'로 시작된 질문은 꼬리에 꼬리를 물었고, 어린 시절부터 지금까지의 삶을 되짚어볼 수 있었다. 그렇게 잊고 있던 상처를 하나씩 마주하자 '나는 왜'로 시작되었던 질문들의 답을 하나둘씩 찾을 수 있었다. 나를 이해하고 받아들일 수 있게 된 것이다.

그동안 나는 다른 사람의 행동과 비난은 '다 이유가 있겠지'라며 너그럽게 이해해주면서도 나 자신을 있는 그대로 수용해주지 못하고 있었다. 그 사실을 깨달은 날, 나는 비로소 있는 그대로의 나를 받아들일 수 있었다. 그리고 나를 미워하기를 그만두었다.

만약 스스로가 싫어지는 순간이 온다면,
마음이 하는 이야기를 꼭 들어주길 바란다.
내면의 목소리에 귀를 기울일 때
우리는 자기혐오에서 벗어날 수 있다.

자기혐오를
멈추는

마법의
문장

"괜 별 그"

괜찮아.
별일 아냐.
그럴 수 있어.

나를 귀하게 여기겠다는 약속

09

"스스로를 사랑하라."

살면서 정말 많이 들었던 이 말이 내겐 어쩐지 쉽게 와닿지 않았다. 이 말을 실천해보겠다고 거울 속의 나를 여러 번 들여다보기도 했지만, 돌아오는 건 오글거리는 생각뿐이었다.

'윽…. 연못에 비친 자신과 사랑에 빠진 나르키소스도 아니고, 내가 나를 사랑한다고? 상대가 있는 것도 아니고, 나는 나 하나인데?'

자기애가 그리 크지 않아서인지, 나 자신을 사랑하라는 그 말이 나는 영 어색하고 민망했다. 그러던 어느 날, 친한 크리에이터가 지금의 아내와 결혼을 결심하게 된 계기를 말해준 적이 있는데 그는 이렇게 말했다.

"저는 지금의 제 아내가 여러 가지 모습이 있어서 좋았어요. 때로는 친구 같고, 누나 같기도 하고, 또 때로는 엄마 같고 선생님 같아서요."

그때, 나는 문득 '나를 사랑하는 것에도 여러 가지 모습이 있지 않을까?' 하는 생각이 들었다. 꼭 연인들이 하는 사랑이 아니라 남을 아끼고 귀중히 여기는 마음을 사랑이라고 한다면, 나도 나를 사랑할 수 있을 것 같았다. 내가 나의 친구가 되어주고, 형제가 되어주고, 또 부모님이나 선생님이 되어주는 것이다. 형제 없이 외동아들로 자란 내게 형제가 되어준다는 말은 특히 더 크게 와닿았다.

어린 시절, 티는 잘 내지 않았지만 나는 든든한 형이 있는 친구들을 내심 부러워했다. 일찍이 아버지와 따로 살게 된 터라 중학교 시절 면도를 가르쳐줄 사람이 없었던 나는 형이 있는 친구에게 면도하는 법을 배웠다. 지금 생각하면 별일 아니지만, 당시 나는 그걸 친구들에게 물어보는 게 부끄러웠고 그 말을 하기까지 오랜 시간이 걸렸던 기억이 난다. 그래서일까?

그 시절의 나를 생각하면 여전히 조금 짠한 마음이 든다.

그래서 이미 훌쩍 커버려 성인이 된 나는 이제부터라도 내가 나의 친구이자 형제, 부모, 선생님이 되어주기로 했다. 때로는 고민을 있는 그대로 들어주는 친구이자, 먹고 자고 입는 것을 챙겨주는 부모님이 되어주고, 또 용기가 필요할 때는 어떤 일을 하든 응원하고 지지하는 형제가 되어주며, 올바른 길을 갈 수 있도록 지도하는 선생님이 되어주기로 말이다. 그렇게 조금씩 나를 귀하게 여기다 보면, 과거의 외로웠던 나도 조금씩은 치유 받을 수 있지 않을까?

말은 거창하게 했지만, 사실 나를 사랑한다는 건 큰 노력이 필요한 일은 아니다. 아무리 바빠도 끼니를 잘 챙겨 먹는 것, 배달 음식 대신 신선한 재료로 요리를 해 먹는 것, 이부자리를 늘 깨끗하게 정돈하고 온몸을 구석구석 잘 씻는 것 등 아주 사소하게 나를 챙기는 일이 곧 나를 귀하게 키우는 일이 된다. 그리고 때때로 자신의 어깨를 토닥이며 "오늘도 잘했다" 하고 칭찬해주자. 이 작은 변화가 내 일상을 조금씩 그러나 확실하게 바꿔나갈 것이다.

사랑은 약속을 통해 이뤄진다. 결혼이 서로를 아끼고 사랑하기로 '약속'하는 것이고, 부모가 되는 일도 자녀를 사랑으로 보살피겠다는 '약속'인 것처럼 나와의 관계도 마찬가지다. 내가 나를 귀하게 여기기로 약속하고, 그 약속을 지켜나갈 때 우리는 '나를 사랑하겠다'는 결심을 이뤄낼 수 있다. 그래서 나는 이 약속을 가슴에 새기고 앞으로 평생 잘 지켜나가보기로 했다.

스스로를 사랑하고 싶다면,
오늘부터 나를 귀하게 여기기로 약속하자.
내가 나의 친구이자 형제,
부모이자 선생님이 되어주겠다고.

내가
나를

귀하게 키운다.

나는
그렇게
할
것이다.

우리 모두에게는 안전 공간이 필요하다

만병의 근원이라고 불리는 스트레스. 나는 이 스트레스에 굉장히 취약한 편이다. 스트레스가 심할 땐 쉽게 체하고, 피부가 뒤집어지는 등 제법 고생을 하기 때문에 스트레스를 줄이려 노력하지만 그게 늘 생각처럼 쉽진 않았다. 하는 일이 마음처럼 흘러가지 않아 스트레스를 받을 때면 그 문제를 해결하는 것으로 해소해볼 수 있었지만, 생활 전반에 걸쳐 소소하게 쌓이는 스트레스들은 도무지 해결할 방법이 없었다. 피할 수 있다면 좋겠지만, 한편으로는 세상에 나가 열심히 싸웠는데 어떻게 스트레스를 받지 않을 수 있을까 싶기도 했다. 그래서 나는 스트레스를 받았을 때의 증상을 빠르게 알아채 더 늦기 전에 스스로 처방전을 내리기로 했다.

사람은 스트레스를 받으면 본래와 다르게 반대의 성향이 나온다고 한다. 나는 평소 생각을 오래 하지 않고 즉흥적이며 감정이 풍부한 편이지만, 스트레스가 심할 때면 생각과 의심이 많아지고 계획에 집착하며 일시적으로 냉소적인 사람이 된다. 이런 증상이 시작되면 나는 모든 일을 멈추고 '나만의 안전 공간'으로 들어가 휴식을 취한다. 마치 토끼가 생명의 위협을 느끼면 굴속에 들어가 숨는 것처럼 나 역시 모든 걸 내려놓고 잠시 굴속으로 숨어버리는 거다.

이때 제대로 된 휴식을 취하는 게 중요하다. 사람들은 대체로 '누워 있는 것'을 '쉬는 것'이라고 생각하는 경우가 많다. 그러다 보니 침대 혹은 소파에 누워 TV나 유튜브 등의 영상을 보면서 '쉬고 있다고 착각'한다. 하지만 우리가 피곤함을 느끼는 건 몸이 아니라 뇌가 지쳤기 때문이며, 따라서 몸보다는 '뇌'를 쉬게 하는 게 더 중요하다. 하지만 그런 사실을 알 리 없는 우리는 일을 마친 후에 쉴 요량으로 누워서 영상을 시청하곤 한다. 이렇게 되면 몸은 쉬고 있을지 몰라도 뇌는 계속해서 자극을 받아 전혀 휴식을 취하지 못한다. 만약 이렇게 누워서 뇌를 괴롭힐 거라면 차라리 밖으로 나가 몸을 쓰는 것을 추천한다. 미루었던 집 청소를 하거나, 산책을 나가 동네 한 바퀴를 걷는 등 몸은 움직이지만 머리를 비울 수 있는 일들이 오히려 진정한 휴식에 가깝다.

'교토삼굴'이라는 말을 들어본 적이 있는가? 이 말은 꾀가 많은 토끼는 세 개의 굴을 파놓는다는 뜻으로 교묘한 지혜로 위기가 닥치기 전에 미리 준비를 해야 한다는 말이다. 이 영리한 토끼를 본받아 우리도 스트레스를 받을 때 숨을 수 있는 안전 공간을 세 개쯤 만들어두면 어떨까? 내가 만든 첫 번째 굴이 '휴식'이었다면, 두 번째 굴은 바로 '운동'이다.

한번은 스트레스가 극도로 달했을 때 심리 상담을 받으러 갔는데, 당시 상담사님이 나를 일으켜 세우더니 이렇게 말했다.

"저를 있는 힘껏 밀어보세요."

조금 당황스러웠지만 시키는 대로 상담사님과 서로 어깨를 맞대고 밀어내기를 반복했다. 물리적으로 밀어내는 힘을 내자 신기하게도 마음속 응어리들이 스르륵 풀어지는 기분이 들었다. 마치 나를 힘들게 하는 것들을 마음속에서 밀어낸 느낌이었다. 그날 이후로 나는 스트레스를 받을 때면 헬스장으로 가 무언가를 밀어내는 운동을 한다. 무거운 덤벨을 '나를 괴롭히는 것들'로 생각하고 있는 힘껏 밀어내보는 거다. 그러면 좌절감과 분노 같은 부정적인 감정이 사라지고, 답답한 느낌이 조금이나마 해소된다. 자전거를 타거나 가볍게 뛰면서 땀을 내는 것도 추천한다. 땀을 흘리면 뇌로 가는 혈류량이 증

가해 온몸 곳곳 산소와 영양분 공급이 원활해지면서 자연적인 신경안정제 역할을 하고, 기분 조절에 관여하는 도파민과 세로토닌의 분비가 촉진되기 때문이다.

마지막으로 내가 판 세 번째 굴은 바로 '혼자 있는 시간'이다. 정확히 말하면 내가 나를 대접하는 시간이다. 많은 사람이 힘든 일이 있을 때면 친구를 만나서 이야기를 나누고 술도 한잔하며 스트레스를 푼다. 물론 이 역시 좋은 방법일 수 있지만, 나는 누군가와 함께 있을 때면 무의식적으로 상대를 배려하는 바람에 오히려 에너지를 쓰게 되는 경우가 더 많았다. 내가 이야기한 만큼 상대의 이야기를 들어주어야 하거나, 상대에게 내 이야기를 이해시키기까지 너무 오랜 시간과 에너지를 쓰게 되는 등 오히려 휴식을 취하기가 더 어려웠다.

그래서 나는 진정한 휴식을 위해 온전히 나만을 위한 시간을 만들고 '스트레스 해소 루틴'을 실행한다. 가장 먼저 외부와의 연락을 차단하고 곧바로 운동을 한다. 땀을 쫙 빼고 돌아와 뜨거운 물로 샤워를 하는데, 이때 꼭 스트레스 해소에 좋다는 라벤더 향 바디워시를 쓴다. 샤워가 끝나면 마스크팩을 붙이고 나와 따뜻한 차 한 잔을 마신다. 만약 겨울이라면 건식 족욕기로 족욕을 하며 책을 읽거나 명상을 한다. 영화를 보고 싶은 날이라면 팝콘 기계를 꺼내 영화관 아르바이트 경력을 살려 기가 막힌 팝콘을 만들고, 탄산수에 과일청을 넣고 에이드를 만들어 침대에 기대어 영화를 본다. 이렇게 나는 나를 챙기며 나쁜 기분을 날려보내곤 한다.

우리는 때로 쉬는 것을 불안해한다. 지금 쉬면 마치 미래에 해야 할 일을 모두 해내지 못할 것만 같은 불안함에 쉬이 마음을 놓지 못하는 것이다. 하지만 다가올 일을 더 열심히 하기 위해서라도 푹 쉴 수 있어야 한다. 하얗게 될 때까지 스스로를 불태우는 것이 아니라 내일 더 잘하기 위해서 오늘은 나를 지키는 연습을 하자.

제대로 된 휴식
힘껏 밀어내는 운동
혼자 있는 시간

우리 모두에겐
안전 공간이 필요하다.

나를 자유롭고
귀하게 키운 지혜

한때 욜로^{Y.O.L.O}라는 말이 유행을 했다. 인생은 한 번뿐이니 미래를 위해 현재를 희생하지 말고 오늘을 후회 없이 즐기며 살자는 삶의 방식을 뜻하는 단어다. 그런데 또 요즘은 반대로 갓생이 대세다. 시간을 절대 허투루 보내지 않고 범접할 수 없을 정도로 생산적으로 살아가는 사람에게 우리는 '갓생 산다'고 한다. 그런데 내가 바라는 삶의 모습은 이 중 어느 한쪽이 아닌 두 가지 삶의 방식이 섞이는 것이다.

욜로의 마음으로 갓생을 살고 싶은 거다. '자유로운 영혼의 자기계발러'가 되는 것이 나의 꿈이기 때문이다. 돈, 시간, 비교, 관계에 얽매이지 않고 열심히 일하는 것은 물론, 노는 것에도 최선을 다하는 사람이고 싶었다. 또 고민, 걱정, 불안, 콤플렉스에 갇혀 있기보다 이것들을 내 삶의 방향을 정하는 도구로 삼고 싶었다. 이런 생각을 하며 원고를 쓰던 어느 날, 샤워를 하다가 문득 이 모든 생각을 정리할 만한 단어가 떠올랐다. 프리레인지다.

해외의 식료품 가게에는 'Free-Range Egg'라고 적혀 있는 달걀이 있다. '자유방목란'이라고 불리는 이 달걀은 넓은 자연에 방사하여 키운 닭들이 낳은 달걀을 뜻한다. 닭들은 낮 동안 목초지에서 시간을 보내며 충분히 햇볕을 쬘뿐더러 안전한 울타리 내에서 자유롭게 산책하며 씨앗, 풀씨 등을 알아서 섭취한다. 마치 내가 자라온 환경이 그런 모습이 아니었을까 하는 생각이 들었다. 그리고 그 덕분에 지금의 내가 된 게 아닐까 싶기도 했다. 살아오면서 내게 유익하게 남은 것들은 언제나 자유로운 삶의 방식을 통해 얻은 것이었다.

환경은 많은 면에서 주어지기도 하지만 만들 수도 있다. 생각을 바꾸는 것만으로도 가능하다. 스스로 삶에 제약을 두고, 실패가 두려워 아무 시도도 하지 못하고, 주변 사람들과 비교하며 살아간다면 자유와는 멀어지고 만다. 그렇게 살아가더라도 어떤 결과를 낳을 테지만, 그것은 당신의 인생을 바꿀 만한 힘이 없다.

자신을 어떻게 키우고 싶은가. 자유롭고 행복하게 스스로를 키우기를 바라지 않는가. 스스로 울타리를 넓히자. 그 안에서 우리는 안전할 것이다. 편히 자신을 방목하자. 충분히 햇볕을 만끽하며 어디로든 뻗어나가자. 자유롭게 뛰놀다 보면 무엇이든 찾을 것이다. 무엇이든 얻을 것이다. 이 책을 덮는 순간부터가 그 여정의 시작이다. 가자.

드로우앤드류

It doesn't matter how fancy your car is or how fast you're going.

What matters is that you're on the freeway.

당신의 차가 얼마나 화려한지, 얼마나 빠른지는 중요하지 않아요.

중요한 건 당신이 '프리 웨이'를 달리고 있다는 것이죠.

참고한 책과 영상들

책

개리 비숍,『시작의 기술』(2019, 웅진지식하우스)

데일 카네기,『데일 카네기 자기관리론』(2021, 현대지성)

도리스 메르틴,『아비투스』(2020, 다산초당)

로버트 기요사키,『부자 아빠 가난한 아빠』(2018, 민음인)

사이먼 시넥,『스타트 위드 와이』(2021, 세계사)

세스 고딘,『더 프렉티스』(2021, 쌤앤파커스)

세스 고딘,『린치핀』(2019, 라이스메이커)

앤절라 더크워스,『그릿 GRIT』(2022, 비즈니스북스)

야마구치 슈, 구스노키 켄,『일을 잘한다는 것』(2021, 웅진지식하우스)

엠제이 드마코,『언스크립티드 부의 추월차선 완결판』(2018, 토트)

오바라 가즈히로,『프로세스 이코노미』(2022, 인플루엔셜)

이나모리 가즈오,『왜 일하는가』(2021, 다산북스)

영상

유튜브 〈드로우앤드류〉, '혼자인 게 두렵거나 외로울 때 이렇게 해보 세요.' (2022)

유튜브 〈드로우앤드류〉, '이 영상 만들려고 천만 원 썼어요…' (2022)

유튜브 〈드로우앤드류〉, '남들은 앞서가고 나만 뒤처진 것 같다면' (2023)

유튜브 〈드로우앤드류〉, '뉴욕타임즈 베스트셀러 작가 세스 고딘이 말하는 일의 의미' (2023)

유튜브 〈드로우앤드류〉, '게으른 완벽주의자 다 들어와' (2023)

유튜브 〈드로우앤드류〉, '기분 좋은 하루가 시작됩니다(모닝 루틴 자 기암시)' (2023)

유튜브 〈드로우앤드류〉, '지금 당장 시작하세요. 거의 모든 문제는 이 걸로 해결됩니다' (2022).

프리 웨이

초판 1쇄 발행 2024년 3월 22일
초판 3쇄 발행 2024년 4월 8일

지은이 드로우앤드류

발행인 이봉주 **단행본사업본부장** 신동해
편집장 조한나 **기획편집** 윤지윤 **교정교열** 박나래
마케팅 최혜진 이인국 **홍보** 반여진
디자인 스튜디오 forb **제작** 정석훈

브랜드 웅진지식하우스
주소 경기도 파주시 회동길 20
문의전화 031-956-7356(편집) 031-956-7089(마케팅)

홈페이지 http://www.wjbooks.co.kr
인스타그램 www.instagram.com/woongjin_readers
페이스북 https://www.facebook.com/woongjinreaders
블로그 blog.naver.com/wj_booking

발행처 ㈜웅진씽크빅
출판신고 1980년 3월 29일 제406-2007-000046
ⓒ 드로우앤드류, 2024
ISBN 978-89-01-28078-3 03190